CARL ZÄPFLE

FRISCH VERZAPFT

W0049057

CARL ZÄPFLE

FRISCH
VERZAPFT

*100 % Schwäbisch
erzählt und gereimt*

Silberburg·Verlag

Carl Zäpfle, das ist Hartmut Ronge, Jahrgang 1958, in Stuttgart groß geworden, selbständig in der Werbebranche und vielseitiger Sachbuch- und Mundartautor. Er arbeitet für Agenturen, Unternehmen und Verlage im Bereich Idee, Konzeption und Text. Ronge lebt mit Frau, zwei Kindern und ohne Hund in Stuttgart-Weilimdorf – und wurde bereits zum wiederholten Mal von seiner Regierung zuhause wegen besonderer Verdienste mit der goldenen Backpfeife sowie dem schwäbischen Wasch- und Kleinputzpreis ausgezeichnet.

1. Auflage 2016

© 2016 by Silberburg-Verlag GmbH,
Schönbuchstraße 48, D-72074 Tübingen.
Alle Rechte vorbehalten.
Umschlaggestaltung: Christoph Wöhler, Tübingen.
Druck: Gulde-Druck, Tübingen.
Printed in Germany.

ISBN 978-3-8425-1468-3

Besuchen Sie uns im Internet
und entdecken Sie die Vielfalt
unseres Verlagsprogramms:
www.silberburg.de

Ihre Meinung ist wichtig ...

… für unsere Verlagsarbeit. Wir freuen uns auf Kritik und Anregungen unter:

www.silberburg.de/Meinung

Inhalt

O Heimatland

O du mein allerliabschter Flecka, mei Schwobaland, mei Heimatland.

Wemmer di so drannaliega sieht, mitta dren en dera großa weita Welt, no ka's oim warm oms Herz rom werda.

Etliche Krieg hosch mitgmacht ond tüchtig ieberschtanda, hosch Vertreibonga gseh, Uffständ ond Revolutiona ausghalta. Ond trotzdem bisch heut scheener denn je.

Du hasch halt aber ao älles, was mr zom Glücklichsei braucht: Wälder, Wiesa, Berg ond Bäch, wo mr naguckt – nix wie Landschaft.

Die Baur bschdellet fleißig ihre Äcker ond versorget ihre prächtige, fruchtbare Obstwiesa. Sogar dr Städter tut am Feierabend sei Gärtle schniegla ond bügla, dass ja koi bissle Okraut an dr falscha Schdell en dr Hemmel schießt.

Em Frühleng, wenn die Blümle treibet ond die Baim ausschlaget, wenn de siehsch, wie's Leba wieder ganz von vorna afangt, no fühl i mi grad wie en Doil von dir – mei Schwobaländle.

Dei Sommer ka frisch, aber ao hoiß ond sonnig sei, dass mr sich die Hemmeder vom Körper reißa könnt ond vor Fraid laut jubla mecht. Weil's no die Zeit isch zom a bissle Ausschnaufa ond Urlaub macha.

Ond ao wenn's mol regnt, deen mir ons gscheid freia, weil jetzt wieder ebbes Neus wachsa ka, aber ao's Alde gnuag zom Trenka hot, s Gras schießt ond die Obstbaim traget.

Schee isch's am Obend, wenn die Sonn henda dromma langsam ondergoht ond mr beim Schbazieraganga die Blätter em Wend gautscha sieht, grad wie wenn se genauso a Fraid an dr Nadur hen wie mir. Ond erscht die viele wilde Tierle, wo romwuslet, ieberall wo's goht, nuff ond nonder krebslet, hälenga rom ond nom schleichet oder durcheinander ane flieget. Sell hen älle ihrn Schbaß. Weil mir sen ja zom Glück net alloi uff dera Welt!

Em Herbst derf mr no d' Ernte eifahra, d' Frücht uffklauba ond älles en a Körble dren neisammla, damit mr sich fier dr Wenter en scheena Vorrat aschaffa ka.

Ond was hen mir goldige Näma fier onser Gmüs ond Obst, fier d' Nussa ond des andre Glomp: Gugommer, Grombiera, Bebbeleskehl, Blaukraut, Breschtleng, ond so goht's grad weiter …

Isch dees a Schauspiel, wenn die Baim sich zom färba afanget ond älle Blätter nachanander ronderhaglet, die Hecka, Büsch ond Sträucher ihre Kloider falla lasset, wie sich's ghert, ond dr Raureif langsam en die Ackerfurcha schlupft …

Onser Herrgott hot scho gwisst, was dr Schwob fier a Wetter braucht, wo'r sich wohlfühlt, dass ebbes rechts aus em werda ka. Drom hot'r ans End vom Johr no dr Wenter gsetzt.

Jetzt muss mr hoiza, jetzt derf's ans Eigmachte ganga. Mr loint mit em Kreiz ans warme Kachelöfele na, verzählt sich Gschichta ond macht Plän fiers nägschde Johr.
Ond weil jeder emmer ebbes anders vorhot ond oiner emmer a bissle woanderscht wohnt wie dr ander, sen die Dia-

lekt gmacht worda. Damit mr scho beim Grüß-Gott-Saga rausbrenga ka, wo dr sell her isch. Weil mir Schwoba halt scho ao a bissle maulfaul sen.

O Heimatland, mr sott's net glauba, was's bei ons fier Gschtalta gibt: schmale Bohnaschtanga, lange Lulatsch ond ao kloine Schtompige hot's, dürre Klappergschdell ond sotte mit jesses Kessl vornedranna, schlaue Füchs ond domme eifältige Daggl, Schaffige, Bruddler ond Faulenzer – koiner sieht em andra gleich.

Ond was mir älles fier deftige Schimpfwörter hen ond Kosenama! Mir wisset Omschreibonga fier onsre Schätzle ond älles, was ons lieb isch, aber ao fier Leit, die mir net schmecka könnet, weil se nix tauget, oim uff dr Geist gehen oder aussehn wie die Bronnabutzer. Bachl ond Siach hoißt mr se, Dagdieb, Lugabeitl ond Hurgler, aber ao Furzklemmer, Moschtkopf ond Schoofseckl. Mir wisset uff jeden ebbes, grad so wie's braucht.

Ond weil dr Schwob zom Schaffa bora isch, braucht'r ao ebbes rechts en dr Ranza.

Bsondre Schleckhäfa gibt's bei ons aber net – mir hen en gscheida Honger ond wellat gern zom Sattwerda ebbes Handfeschds. Des langt, dadrmit sen mir schnell zfrieda.

Bei ons macht mr koine Fisematenta, wo en halba Dag dra romgwurstelt werda muaß, bis mrs endlich essa ka ond mr net amol satt wird davo. Noi, schnell muaß ganga, guat ond oifach muaß's sei.

Weil onsre Weibsleit sollet net bloß dr ganze Dag en dr Küch romschtanda. Die könnet ao ruhig no ebbes anders do.

O Heimatland, wo schneidet mr denn sonscht no uff dera Welt dene Kuhviecher dr Ranza uff ond macht saure Kuttla aus de Mäga, dass mr ebbes rechts zom Schbachtla hot? Wo fahrt mr dene Viecher ens Maul nei ond holt die Zong raus, damit mr se en a feis hells Söößle eilega ka? Bei ons em Schwobaland!

Bei ons derf koi bissle ebbes verkomma. Mir deen sogar beim Essa schbara, aber Knauserer semmer deswega koine! Bei ons isch no jeder satt worda! Mir kaalet frische, floischige Schweinsöhrle genauso gern wie mir en feina, schläbbriga Ochsamaulsalad net verachta deen. Mauldascha ond Kartoffelsalädle hauet mir nei, en Floischkäs, Bubaschbitzle, saure Kuttla, Hirnsupp ond Lensa mit Spätzle. Aus Knöchle machet mir Suppa, ond Fettglomp kommt en dr Schmalzhafa nei. Die Rest von dene Essa wandret en dr Gaisburger Marsch. Weil dadrzu ka mr fascht älles nehma: Kartoffla, Spatza, Flädle ond Floischbreckl. Älles, was mr übrig hot. Aber trotz ällem tut eigentlich en rechter Schwob a guats, sämigs Söößle am allerwenigschda verachta!

Ond weil mr des älles ao nonderspüla muss, hot ons dr Herrgott Wengert geba, zom en guata Tropfa dren nei abaua, ond hot'r ons zoigt, wie mr gscheid Most macht ond selberbrennte Schnäps.

Weil gsond bleiba ond vorbeuga mit Essa ond Trenka, des hot ons dr Allmächtige mit uff dr Weg geba, damit mir treu ond ohne Mugga onser Tagwerk verrichtet.

O Heimatland, aber manchmol deen's mir Schwoba ao scho gern a bissle iebertreiba. Weil mir nämlich net bloß Rechte, sondern ao Lenke – ond sogar Pflichta hen, isch die schwäbisch Kehrwoch uffkomma. So ebbes gibt's halt ao bloß bei de Onsrige. Do schtoht dr Oberlehrer Bächtle genauso mitta uff dr Schdrooß wie dr Direkter Bloicher von dr Krankekass ond's Klärle Müller, die alt Schneidere. Älle kommet se dr Reih nach dra, ond die restlich Nachberschaft glotzt no gwieß hälenga hender de Vorhäng vor, ob's ao gscheid gmacht worda isch.

Damit onsre Weiber am Sonndich-Mittag schee ausgführt werda könnet, deen mir druff onsre Kärra putza ond dacklet ane, bis ons pfiffa wird, dass jetzt sauber gnuag sei.

Aber bevor mir se no durch d' Weltgschicht karret, goht's en d' Kirch, zom dr Herr Pfarrer hera.

Mir ziehet onsre feinste Anzüg a, deen die beschde Stiefel raus ond setzet onsre Feiertagsgsichter uff. Grad so wie sich's halt bei bsondre, wichtige Aläss ghert. Wer oine hot, schlupft en sei alde Tracht nei ond führt se aus, damit a bissle Frischluft an se nakommt ond die Tourista ebbes zom Glotza hen. Mir pfleget's Brauchtum no gscheid, damit mr emmer wisset, wo mr herkommet ond wer mir sen.

Wenn ons en Fremder amol nach dr Uhrzeit frogt, dauert's net lang, no glotzet se domm aus dr Wäsch, wenn se a gscheide Antwort krieget.

Moinsch die kapieret, was »drei viertel zwoi« hoißt? No wellat se mit Händ ond mit Fiaß ond genau en Minuta wissa, was die Schtond gschlaga hot. Bis mr no endlich raushot, dass die Sempl des anders gsagt han brauchet. »drei viertel zwoi« kapieret die net, die wellat »Viertel vor zwoi« gsagt han kriega, oder besser no »ein Uhr femfavierzig«.

Aber hot denn schomol oiner beim Bäcker ein »Viertel vor Tortaboda« bschdellt? Gell, grad so isch's! En »drei viertel Tortaboda« hoißt's – des sottet doch aber eigentlich älle kapiera. Ond so schwer ka des doch mit dera Uhrzeit ao net sei, wo's doch dupfagleich gmacht wird!

Drei viertel sechse isch zom Beischbiel en drei viertel Doil von sechse. S fehlt halt no ebbes, bis's so weit isch. Dreimol a Viertele sen drei Viertele. Also hemmer no net ganz Sechse, aber ällaweil scho fascht, oifacher ka's doch wirklich nemme ganga …

Ond ao wenn's emmer no a paar gibt, die sell net verstehn – mir traget koim ebbes nach! Net amol en Regaschirm.

Mir Schwoba sen fleißige Feschdlesrutscher. Ieberall em Ländle gibt's ebbes zom Feira ond allerhand Gelegaheita zom Zammahocka ond Fröhlichsei: die schwäbisch Fastnacht mit Hexatänz, wo mr dr Deifl austreibt ond dr Wenter mit drzua, ond die Facklzüg ond die Lichterfeschd mit Böllerschüss ond Feuerwerk, die Stadtfeschd ond Hocketse mit Sauerkraut ond Backstoikäs ond hoiße Rote, ond die Kirbena mit Losbuda ond Boxautos ond Achterbah ond dem ganza Budenzauber, mit Kochtöpf zom

Kaufa, gebrannte Mandla ond Zuckerwatt. Do hocket mir dranna ond schunklet, bis donkl wird.

O Heimatland, mei Schwobaland. Wenn i bloß dra denk an die scheene alde Städt mit Fachwerkhäuser drzua ond gepflasterte Schdrooßa von lenks nach rechts, mit feschde Stadtmaura dromrom ond dicke, knorrige Eicha, die vor de aldeigsessene Wirtshäuser stehn.

Du mit deine scheene Schlösser ond Burga ieberall uff jedem größera Buckl droba, wo früher die Rittersleit mit de Prinzessinna ghaust ond sich om Nachkomma gsorgt hen. Wo mr die beschde ens Verlies eisperrt ond die Guate zu Keenig gmacht hot.

Du mit deine verwondene Höhlagäng dronda em Erdreich, wo heut die Tropfstoiner nuff- ond nondertrielet. Ond dene alde, tote Viecher von vor viele hondert Johr, die bloß no Haut ond Knocha sen, ond die mr ieberall em Ländle en de Musea von morgens bis abends aglotza ond schtudiera ka.

Du Land der Schiffer ond Bootlesfahrer, wo dr Rhein aus em Bodasee nauszischt (naussoicht) ond nach Norda fließt zu de Fischköpf nuff, die da droba zom Wohna afanget ond gern zu ons ronder zom Schaffa kommet. Wo lenks d' Franzosa hauset, onda die Schweizer mit de Käs ond rechts die Bayra en ihre krachige Lederhosa.

Mir könnet's mit älle. Ond's gibt aber ao Zeita, do könnet ons älle! Mir schießet net oifach grad druff los. Weil am Anfang sen mir Schwoba mit de Reigschmeckte z'erscht vorsichtig, a bissle uff Distanz. Drom hen mir wenig Fraind, aber dadrfier ao rechte.

O Heimatland, mei Schwobaland. Mir hen Gott sei Dank älles selber, was mir brauchet. Ond dees, was mir iebermäßig z'viel hen, nämlich d' Intelligenz, deen mir exportiera.

Mir sen halt schaffige Leit, mit viel schlaue Füx vornedranna, ond mit de größte Dichter, Denker, Erfinder ond Tüftler. Lauter wiefe Kerle, lauter helle Käpsele. Dr oi hot dr Motor erfonda, ond dr ander die Kärra drzua. Dr oi hot die Ersatzdoil ond des Zubehör bäschtelt, dr ander hot Rennerles gmacht ond des Glomp wieder zammagfahra …

So isch langsam mit dr Zeit a Industrie notwendig worda.

Neugierig sen mir Schwoba scho ao ond hänget onsern Riasl gern ieberall a bissle mit nei. Aber ons isch ällaweil dr Klamauk em Flecka dronda wichtiger als die groß Polidig, wo sich om d' Weltgschicht dreht. Wemmer erschtmol des älles kapiert, was om oin selber bassiert, no hot mr gnuag zom do.

Mir Schwoba sen ehrlich ond direkt ond fresset nix en ons nei. Mir plärret ond motzet, wenn's an dr Zeit isch, mir maulet ond sen gern mol beleidigt, aber mir lobet ao ond sehn ebbes ei, wemmer ons ieberzeuga ka. Mir stöhnet vor dr Arbeit, aber mir ackret trotzdem gern vor uns na.

Mir nicket mit em Meggl ao mol waagrecht omanander, mir schucket gern andre a ond lasset ons selbr ogern treiba. Mir sen halt so, fascht wie sich onser Herrgott seine Erdverwalter vorgschdellt hot. Drom glaubet mir schee an dr Allmächtige ond deen ao ebbes dafier, dass mr en dr Hemmel kommet. Jetzt wird g'lebt, ond später no erscht wird abgrechnt!

Mir Schwoba lebet gern, schaffet gern ond machet aber ao gern amol a Päusle. Ond mir hen gwieß älles, was mr zom Glücklichsei braucht: gnuag fier dr Ranza, ebbes fier dr Goischt, Häusle zom dren wohna, a saubre Landschaft mit nette Leit ond a gscheide Atmosfär dromrom.

O Heimatland, du allerliabschter Flecka. Du bisch mr so ans Herz nagwachsa. Ond ben i mol fort, en dr Weltgschicht draußa, no komm i gern aber ao wieder hoim. Weil ka's denn irgendwo uff dera Erdakugl scheener sei als bei ons em Schwobaländle?

Ond wer dadruff jetzt »ja« secht, der isch ganz gwieß koiner von ons!

Em Gegadoil.

Schwobabrezl

O du krommer Denger,
du verdrehter brauner Kerle,
uffgschlitzt bisch am Oberdoil
ond voller Salzkrümel bäbbsch,
dass oim schier gar 's Maul
beim Drana'schnabba hangableibt.

Oba sticht mrs Messer en de nei
ond onda bricht mr dir d' Ärm mit Gwalt.
Deine zwoi offene Weichdoil
tut mr schee sanft bschtreicha
ond mit dem breckeliga Knuschbergschleng
fahrt mr diaf durch dr kalte Butterklotz.

Aber mach dr nix draus,
weil dadrfier bisch ja dacht,
dass mr de nemmt, wie de bisch:
onda hart und oba zart,
krommbuckelig handlich
ond aber ao trotzdem recht stolz.

Wie de so drennaliegsch en deim Körble
mit äll dene andre käufliche Kollega
ond druff wartesch, bis de ebber nemmt.
Grad so wie wenn de's überhaupt net
eilig oder nötig hättsch.
Sell wirkt fascht scho a klois bissle majestätisch.

Du bisch mr frisch ond warm am allerliabschta,
wenn des bitzelige Laugagschmäckle
langsam mei Verlanga
nach ma guta Viertele uffweckt
ond meine Zäh dein bebbicha Doig
en de Backatascha langsam omananderdalget.

I kaal de morgens zom Frühstück
ond beiß de zom Veschber,
mog de mittags zom Kaffee
genauso gern wie
obends beim Nachtbrot.
Dir, mei Schätzle, geb'e läbenslänglich!

Dreimal ka d' Sonn durch de scheina,
du bisch a Fraid fier Jong ond Ald.
Wo mr de sieht, trifft oin a Schdickle Heimat
hälenga ens Aug ond durch d' Nos
ao wenn mittlerweil scho manch Außerschwäbischer
genauso gern an de nalangt.

Bloß falls so oiner mir saubleed daherkommt
ond moint er häb schomol ebbes bessers ghet,
no wird'e oleidig!
Sell könnt i oms Verrecka
net braucha …

Aaaber,
der däd mi glei verschtanda,
weil
no
hau i em
grad ois

uff'd Brezl!

Femfzentimeterdreiviertelzoll-alominiomflachkopfschraub

Sie: Was machsch'n?

Er: Da, komm amole her ...

Sie: Was suachsch denn jetzt scho wieder rom?

Er: Jetzt hen die da so viele Schrauba ond Neegl en dene Bixle dren uffghengt, aber ausgrechnet mei Femf-zentimeterdreiviertelzollalominiomflachkopfschraub hen se net!

Sie: Worom? Brauchsch die obedengt?

Er: Noi, i schtand bloß zom Spaß em Baumarkt bleed en dr Weltgschicht rom! Ha woisch – ha so a Lettagschwätz!

Sie: Worom schreisch'n so? Kasch doch au a bissle leiser schwätza. Mr heert di ja em ganza Lada! Was sollet die andre Leit bloß denka ...

Er: S isch aber ao wohr.

Sie: No gucksch halt amol richtig! Sei doch net so stur!

Er: Aber i sott scho ganz genau grad die oine han, ebbes anders goht halt net!

Sie: Jetzt schreisch halt scho wieder! Mit dir fallt mr emmer uff! Kaasch denn eigentlich nix anders nemma? Probier doch amol die!

Er: Ha noi, des sen doch Neegl, ond außerdem sen die viel z'lang!

Sie: Bisch denn ieberhaupt mit gar nix zfrieda?

Er: Ond i brauch doch aber sotte Schrauba mit Flachköpf oba dranna!

Sie: Komm, stell di net so a! Ond *du* willsch en Bäschtler sei? Moinsch, wega dir alloi deen die extra sotte bsondre Schrauba her? Was denksch denn, wer du bisch? Jetzt hot's da so a große Auswahl romhänga …

Er: Komm, schwätz mr nix en d' Tasch! Die Flachköpf hen se aber letzt Mol no ghet!

Sie: Emmer du mit deine Extra-Fürz! Ond was willsch'n ieberhaupt mit dene do? Zu was brauchsch des Glomp?

Er: Ha woisch, i …

Sie: Jetzt han i dr scho seit ma Vierteljahr gsagt, du sollsch amol endlich des Ofaröhrle en dr Küch schee silbrig streicha, aber noi, dir sen ja deine Hobby ällaweil wichtiger! Jetzt nemmsch *dees* Schächtele da ond tusch se halt dahoim a bissle kürza.

Er: Des han i mir fei vorher au scho selber ieberlegt.

Sie: Siehsch, no hättsch se doch glei nehma kenna! Aber du brauchsch halt emmer ebber, der de treibt.

Er: Oder …, noi …, woisch was, i häng se wieder na ond guck lieber morga nommel her.

Sie: No gohsch aber alloi! I helf dr nemme! Ond nemm dr bloß von dahoim au a rechts Muster mit!

Er: Eba. Ja, so mach i's no. Weil da brauch i mei Ruh drzua! Da muss i für mi alloi sei. Sonst wird des nie ebbes mit meinera Femfzentimeterdreiviertelzollalominiomflachkopfschraub.

Beim Hausarzt

Friehmorgens wachsch uff, brengsch dein Ranza grad so raus aus de Fedra, schleichsch de no ganz durmelig ens Bad, ond pletzlich fallt dr ei, dass de om achte zom Dokter bstellt bisch. Scho damols sofort nach dr Ameldong war dr's druff amol glei nemme mauderig, ond eigentlich moinsch, du briechtesch drom jetzt au gar nemme na. Aber seit de heut morga dradenksch, isch dr's oinaweg wieder hondsliedrig z'mut. Ond weil du 's erste Mol zu dem Kerle gohsch, stohsch halt a Viertelschtond bälder an d' Haltestell no, läsch dei Veschber Veschber sei, hocksch nei en d' Schdrooßabah ond fahrsch. Koi Sau em Waggo, donkl isch's ond feicht, weil's räägnt. Zich Dokter hosch scho ausprobiert, aber koiner war en rechter …

No schlabbsch nuff en dr zwoite Stock ond drucksch nei en d' Ameldong.

»Jetzt, wo fehlt's?«

Als ob i dees eigamächtig wissa kennt! Bis die mit ihre blonde Locka ond Spanga en de Zäh no endlich kapiert hot, wer i ben und wo i wohn, worom i mei Versichertakard vergessa han ond dass i net sie, sondern dr Dokter sprecha mecht ond dr Rest se nix ogoht, hätt i scho längst mo gschwend uff dr Abe ganga kenna. Weil mir pressiert's. Des goht mr grad bei älle Dokter emmer gleich. Jetzt hot des aber so lang dauert mit dera Schreibdischgurk, dass i's verdruckt han. Ond's ganze Glomp, wo sich grad no hot wella selbständig macha, oms Nomgucka wieder gflüchtet isch – zrück en verschlongenere Gefilde ... Jetzt ploogt's me halt da au no.

Z'mol derf ich nei ens Wardezemmer. Ond da hocket se. Wie die Henna uff em Schtängele, wo grad uff's Fuader wartet. Mucksmäuslestill isch's. Koin Piepser hörsch. Neber dera oina mit 'm Reißa em Kreiz hockt a jongs Mädle mit Rossmucka uff dr Nas ond jesses Wochadippl. Ihr Muader isch au glei drbei, weil se mit em Grend gerscht Obnd gega's Waschbecka gsaut isch. Jetzt ploogt se's Schädelweh.

Em Eck loint en feiner älderer Ma en ma Azügle, aber mit ma saumäßiga Glaif. Des muaß 'r bschdemmt richta lassa. Bleschgamichl hot's ond dicke Fraua mit Kröpf. Dr oi hot sei zwoit's Schlägle hender sich ond dr ander brochene Griffl mitbrocht. Älle sen se da, ond s gibt von ällem ebbes fier dr Dokter zom Richta. Fast jeder isch en dr Kass – bis uff zwoi, drei Private.

»Guda Morga!«, des sechsch aus Höflichkeit ganz overbindlich amol, oifach so en d' Mitte vom Zemmer nei. Weil sich des halt so ghört.

»...orga« kasch no vielleicht grad no höra, wenn de druff wartesch ond d' Ohra spitzsch. Aber so leis, dass de nemme genau woisch, wer's gsagt hot. Ond fier Sekunda hen se älle so a freundlich's Gsicht en dr Visaasch, dass de moinsch, den wo de jetzt agucksch, der wär's gwä. Drbei hot grad *der* Denger bloß so do als ob! D Fraua, wo sich älle rausbutzt hen, wie wenn se en d' Oper müsstet, schdieret glei druff wieder en ihre Käsblättle nei, ond dr Rest glotzt mit verschloofene Auga und leere Blick ällaweil stur en dr Weltgschicht omanander.

Des kloine Buale regt me au no uff. Hockt uff 'm Boda, baut hohe Legotürm ond schmeißt se henderrücks en so en blaua Holzkaschda nei. Drbei plärrt 'r: »Mama, Mama, guck amol, guck amol.« Aber die ald Blodere entressiert des net. I kennt grad …

Scho kommt oine von dene Helfere vom Dokter en ihrm käsiga Kiddl bis zu de Knie, mit zune Gnepf bis obenah. Klämmerle em Hoor ond barfiaßig en de neueste Gsondheits-Sandala. So oauffällig verballuschtriert, dass era grad koiner freiwillig nochlaufa tät. »Dr Nägschde bitte«, secht se fraindlich, ond du merksch, dass des fier ons älle gar net so oifach isch. Denn jetzt goht die Romdruckerei wieder los: Mr glotzt sich bleed a ond wardet, wer sich jetzt wohl rührt. Ob net dr Nachber secht, mr kennt scho ganga, mr wär ja z'erst do gwä. Aber Pfeifadeggl. Nix isch.

Die oine hocket wie uff Kohla, weil se's wisset, aber sich's net zom Saga trauet. S wird heimlich rom ond nom grechnt, bis es dera Schwester z' bleed isch ond se oifach oin uffruft mit seim Nama. Kaum isch derjenich draußa, war's anscheinend grad dr Falsch.

»S Frailein hot wieder mol net uffbasst! Gell, Sie wäret doch jetzt eigentlich dra gwä. Sie waret vor mir, ond no komm i au glei!«

Die oi secht's dr andra so laut, dass au dr Letschd kapiert hot, welche die nägschde zwoi sei mechtet. Koiner muckt uff ond traut sich ebbes zom Saga. Glei druff kommt oiner mit em brochena Gäder ens Zemmer – partuh isch's ruhig wie emmer. Uff oin Schlag. Mr kennt Meisle trapsa höra.

Nach zwoi Schtond nemmet se di endlich dro. Du bisch scho dreimol uff 'm Abe gwä, s erste Mol aus Zwang, ond die nägschde zwoi aus Langweil. Vor lauter Kranke ond Lahme om de rom isch drs übel worda, ond en gscheida Honger hosch jetzt au.

Uff oimol soll i me »freimacha«, wie des Frailein hochdeutsch secht. Ond weil die bloß obarom gmoint hot, zieh i halt meine Onderhosa ond's andre Glomp wieder nuff.

»Wie goht's?« Dr Dokter saust vom oina Zemmer ens andre nei, mol mit Handschuh an de Fenger, mol mit Röntgabilder onderm Arm. Wie wenn'r fier älles megliche Zeit hätt, bloß net fier mi. Da kommsch dr fei scho manchmol bleed vor, uff dem Hocker vor dem Tisch, wo's Frailein ällfort telefoniert.

Z'mol kommt oine reigfahra. Mei lieber Scholli, hot die's pressant. Die ald Ragall ploogt en jessesmäßiger Rappl. Ihr Ma häb ebbes am Gmächt ond was mr da macha kennt. S wär ieber Nacht komma ond's tät fei scho arg weh, mr kennt's ihr glauba!

I spür's jetzt fast au, so arg ka die leida. Da müsst mr zersch mit em Patient, also ihr'm Ma, persenlich sprecha, ond dr Dokter sott's direkt no au glei selber seha, secht's Frailein.

Jetzt fangt die zom Plärra a: Awa! Worom se so lang warta müsst ond ob mr denn gar nix macha kennt, älle wäret se so ofraindlich. Se tät au glei zom Abodeeger ganga ond älles selber zahla. Dr Ma sei grad dahoim em Keller, müsst dr Wasserhahna richta ond hätt zom Komma koi Zeit. Weil en zwoi Däg tät's nach Ibiza ganga, zom Kaffee trenka ond frisch Luft schnabba. Was se denn jetzt macha müsst.

S Telefo schellt. Ond so goht's grad oinaweg. Noi, se kennt morga net komma, d' Sprechschtond sei scho voll. Noi, au net glei nach em Essa. Weil da dr Dokter … Uffglegt.

Die Dier goht uff ond a alds Mütterle schtoht do. Se briecht sich net amelda, se käm glei rei ond mecht dr Herr Dokter persenlich sprecha, moint se. Do isch se gschtanda en ihrm schwarza Kostüm mit de kloine weiße Bebbl druff ond dem blaua Sombrero uff'm Meggl mit dem zammabondena Duttbobbel dronder. Ond weil des so oine von dera Sorte isch, wo's dr glei selber peinlich wird, wenn de au bloß danebaschtohsch, geschweige denn widersprichsch, lässt se's Frailein nahocka.

Dr Dokter kommt ieber dr Gang ond lauft Richtong Ameldong. Scho schießt se von ihrm Stühle uff ond schreit lauthals: »Sie, jetzt kommet Se mol her!«, ond zieht en an seim Kittl ens Zemmer nei. »So jetzt grüß Gott. I muaß amol ebbes wissa. Sie hen's letzte Mol nach meiner Lederjack gfrogt, worom?« I han mr glei denkt, dass die net ganz bacha isch.

Ond weil des en freindlicher Dokter isch, der aber trotzdem koi Zeit hot fier so a Dromrom ond solche Ferz, secht'r halt, dass se em gfalla hätt ond er sich frait, dass se en ihr'm Alder no so a feschs Jäckle traga kennt. Ond se scho saumäßig schick da drenna ausseha tät. Ond weil des älles so lang dauert ond se no die ganze Gschicht von dera Lederjack verzählt, wo se her isch ond was se koscht hot, hot'r se oifach packt ond dronదernei wenigstens dr Blutdruck gmessa. Dass se net gar omasonscht do gwä isch.

»So, des wärs. Des han i bloß amol froga wella. Jetzt muaß i glei wieder ganga. Bis zom nägschde Mol, gell – aber no mit dr Lederjack. Wenn die Ihna so gut gfallt. Ade!« Ond scho war se drauße. Die ald Laberdasch.

Druff hot me a Helfere uffgrufa. Peinlich war mr des na scho, wo i fier's Gwicht zom nehma strümpfig uff die Waag han schtanda müssa. Ob's dr Dokter riecht, des mit meine alde Socka? Gsagt hot'r jedenfalls nix. Iebergwicht häb i – nadierlich. Ond weil i ab ond zu mei Zigärrle brauch, hot'r des Kratza en dr Lung ond mei Bläfzga em Hals au glei aguckt. Da isch'r mit so ma breita, flacha Holzstengl bis henda nei en d' Goscha gfahra, dass me's fast derwürgt hätt. Aber i han's heba kenna!

Dr Bruschdkaschda hot'r mit ma kloina, ronda kalta Eisa ondersucht ond glei mit zwoi rote Schläuch en de Ohra ghert, ob mei Bomb no richtig funktioniert. Glei danach hot'r mi uff des schwarze Schesslo druckt, wo die oi Hälft davo mit 'ra Blaschdichguck eipackt isch. Von wega dr Higiene. Aber i wisst net, was an meim Deez ohigienisch sei sott. Meine Haxa hot'r sich gschnabbd, rom ond nom gschlenkert, bis i prompt au ebbes gspürt han, nämlich direkt glei hender dr Kniescheib. Aber vorher war da no nix gwä, des woiß i gwieß! So ka mrs halt au macha.

S Frailein isch komma mit em jesses Kaliber von Schbritz, packt me an meim lenka Arm ond bombt mr en die grau Manschett Luft nei bis zom Platza. Ond no han i's Blut gluckra hera … Noi, zom Nomgucka han i mi net traut, weil me grad des saudomme Bild an dr Wand pletzlich so entressiert hot – des mit dene Schiff druff ond dera donkl-gelba Sonn. A wüscht's Deng. A klois bissle ebbes hot's Weggucka scho brocht, aber durmelig isch mrs trotzdem no gwä.

Beim Uffschprenga ben i mir no hälenga mit de Fenger ieber d' Socka gfahra ond han grocha, dass des doch i gwesa sei müsst, vorher, wo's so nach Käs gmüfflt hot. »Bittschee, da hen Se Ihr Rezept«, secht no's Frailein an dr Dier ond schickt me nei en d' Abodeeg.

I woiß zwar net, was i han, weil die Dokter bloß Ladainisch schwätzet ond de d' Rezept ällaweil net deutlich gnug lesa kasch. Ond weil i glaub, dass mr's jetzt gwieß scho wieder besser goht, brauch i dahoim au ieberhaupt koine Säftle ond Tabletta zom Schlucka han. Drom schmeiß i die Zettl emmer glei en dr Kutter. Ond wie soll außerdem d' Abodeegere bei dera Sauklaue au d' richtige Arzneia brenga kenna? Koi Wonder, dass des no älles nix hilft!

S nägschde Mol, wenn i wieder gang, sag i am beschda glei, was i han ond was mr fehlt, no ka i mir bschdemmt die ganz Prozedur schbara.

Weil bei dem Dokter ben i's letschde Mol gwä …!

Bloß gschwend gratuliera

Hallole. Grüß Gottle.
Ha, gell da glotsch!
Isch dees a Ieberraschong?
Hättsch ao net denkt,
dass *i* heut komm …
Wo i doch eigentlich
überhaupt gar net
eiglada ben.

Aber i han mr denkt,
i guck halt trotzdem
gschwend amol
uff en Schprung vorbei.

Komm her
ond lass dr gratuliera.
An deim Ehradag!
Älles Gute,
bleib gsond,
mach weiter so –
Ond ao Gottes Sega.
Sonst hosch ja älles,
was mr zom Glücklichsei braucht.

I hätt's fei fast versaimt,
wenn i net aus Verseh
gestern obend
dei Muader troffa hätt.

Lang nemme gseh!
Wie schnell doch
d' Zeit vergoht!
Letschdes Johr han i dr ao gratuliert,
woisch no?
S isch mr grad,
wie wenn's geschtern gwä wär.
Mr ka's net uffhalta:
S goht älles seine Gäng.

Guat siehsch aus.
A gsonde Farb hosch
em Gsicht.
Aber a klois bissle denner worda
bisch ao, gell?
Machsch uff Diät?
Oder kriegsch nix rechts meh
uff dr Disch?

Hä, hä … Späßle gmacht.

Wie alt bisch'n ieberhaupt worda?
Ja waaaas.
Wie?
Sag bloß!
Dees hätt i ao net denkt.
Da hätt *i* jetzt grottafalsch gschätzt.
Wie mr sich täuscha ka …
Awa, noi.
Woisch, mr isch halt emmer so jong,
wie mr sich fühlt, gell?
Da goht's ons älle gleich.
Han'e recht?

Wemmer di so näher aguckt,
kennt mr richtig neidisch werda.
Dir sieht mrs Alder
aber ao net a.
Ehrlich.
Ganz em Ernst.
Höchstens a klois bissle
om d' Stirn rom.

Da, hosch ebbes.
Nemms!
S isch net viel,
aber i hoff,
du kasch's gut braucha.
Guck net so.
Derfsch de scho freia!

Noi, reikomma möcht i net –
i han dahoim scho ebbes gessa.
Ond womeeglich stör'e bloß …

Also, wega mir.
Wenn's obedengt sei muaß.
Aber i gang *gwieß* glei wieder.
Bloß zom Grüß-Gott-Saga.

Noi, mein Kiddl lass'e a,
höchstens a bissle
über dr Stuhl …

Vo mir aus,
aber bloß oi Tässle –
ond zwoi von dene große Stückle
Schwarzwälder Kirsch.
Wega dr Figur!

Komm …
jetzt pack's scho uff.
Weil i gschbannt ben uff dei Gsicht,
wenn de siehsch,
was dren isch.
Mecht scho ao wissa,
ob dr's gfallt.
Was hasch'n
von de andre älle kriegt?
Lass amol seh!

Fraisch de?
Was sechsch drzua?
Omdauscha ka i's fei nemme.
Kasch's braucha?
Hosch's ao wirklich no net?
Scho recht.
Gern gscheh.
So …? Sag bloß …
Grad dees hot dr no gfehlt?
No isch recht.
Awa! Nix für oguat.
Von dir krieg i ja
ao emmer ebbes.
Hauptsach isch,
wenn dr's gfallt!

Schenksch mr nommel ei?
Wo i's her han?
Ha woisch …
henda dromma, onda …
em Flecka, beim …
vom …
Wie hoißt'r?
I glaub, i verrat dr's
liaber doch net.
Womeglich kriegsch no raus
was es koschtet hot.
Sei's drom.

Isch ja älles ao net wichtig
für de.
Hauptsach,
du fraisch de dra.

So, jetzt muss'e wieder ganga.
Also, en gsegneta Dag,
ond feiret no schee!
Lass dr's gut ganga.
Adeele.
Mir werdet ons
scho wieder amol seh.

Spätestens
em nägschda Johr …

Worom de traimsch

Älles, was mr tags so macht,
bschäftigt oin gwieß en dr Nacht
weil dr ganze viele Stuss
des Hirn erschtmol verschaffa muaß.
Was mr sieht ond registriert,
hört ond schmeckt ond fühlt ond spürt.

Fier äll dees hot's uff onserm Hals
em Meggl dren des Großhirnschmalz.
Weil will mr sich an was erinnra,
tut sich des Glomp do drom no kümmra.
Ond sonscht hot zwischa onsre Ohra
koi bissle ebbes was verlora!

Ond isch des Tagwerk no vollbracht,
liegsch nei en d' Falle, sechsch »Guat Nacht«,
machsch d' Auga zu ond zählsch die Schaaf,
bisch nemme wach – no hosch dr Schloof.
Mr schneckelt sich uff d' Seit ganz kromm
ond streckt die Fiaß zom Nachber nom.

Jetzt passet uff, jetzt kommt die Phas,
z'erscht denkt mr nach, druff traimt mr was.
Mr hot uff oimol koi Kontroll
meh ieber sich, weil's Hirn isch voll
mit Zahla, Farba, haufaweis,
ond zwischadren no andrer Scheiß.

Des Hirn hot zig Verbindonga
viel Kreuzonga ond Windunga
Kurva, Tunnel, Abschtellglois
ond Zeugs, wo mr no gar net woiß.
Dass's schaffa ka – mr sott's net moina.
Doch genau sell macht's Hirn beim Träuma.

Ond weil des Hirn en Kaschta isch,
wo älle Sacha wieder frisch
sich hoimlich durch's Gedächtnis saufet
ond querbeet durchananderlaufet,
drom traimt mr, ond drom woiß mr nie:
isch's d' Wooret oder d' Fantasie.

S isch wie em Kino, fascht ganz echt,
s isch wie em Film, am liebsta mecht
mr mittanei en d' Handlong schprenga
ond älles dees, was die do drenna
erlebet, sofort ao glei macha.
Weil dees … sen oglaubliche Sacha!

Do fahret U-Boot uff dr Schdrooß,
do regnt's ond koi Sau wird nass,
dr Winnetu ond d' Micky Maus,
die wohnet zamma en ma Haus.
Nix isch normal, s isch net vermessa:
Was de mol glernt hosch, kasch vergessa!

Rote Wolka, blaue Wiesa,
Alde deen die Jonge griaßa,
Fisch mit Hörner, gschtroifte Kälber,
ond middadren – des bisch du selber!
A Mäusle zwickt de mit dr Zang.
Ond so goht des schtondalang.

Manchmol schee ond manchmol gfährlich,
mol schbielsch Räuber, mol bisch ehrlich,
oft kommt d' Woohret uff dr Disch,
bloß merkt des koiner, wie mr isch.
Weil em Leba, frieh am Morga,
hot mr wieder andre Sorga.

Ao von selle ka mr traima,
no goht's oim schlecht, des will e moina:
mr schmeißt sich rieber, wälzt sich rom,
mr langt druff zu seim Nachber nom,
bis mr fascht en d' Hosa bronzt –
scho hot mr sich dr Traum verhonzt!

No isch mr wach, sitzt ganz verstört
dren en seim Bett ond druff no leert
mr d' Schbrudlflasch gwieß garantiert
en oim Zug aus, weil s entressiert
oin scho, ob en dr nägschda Nacht
des Hirn die Gschicht do weiter macht.

Jetzt schtoht mr uff, s gibt was zom Essa,
ond henderher scho isch's vergessa.
Ond's schbielt ao wirklich gar koi Roll –
denn obends isch des Hirn ja voll
mit wieder völlig andre Sacha,
die dem Meggl z'schaffa macha.

No goht des Schbiel von vorna los.
Drom isch ao onser Hirn so groß,
weil den ganza viela Stuss
des Gschleng erschtmol verschaffa muaß
was mr sieht ond registriert,
hört ond schmeckt ond fühlt ond schbiert …

Druff traimt mr wieder gar net schlecht,
ond manche glaubet ao, s wär echt,
was des Hirn mit ihne do.
Sotte werdet nemme froh!
I sag euch ois, weil sell isch gwieß:
Des Traima isch a furchtbars Gschiiß.

Drom traimet älles bloß zom Schbaß –
no frait sich euer Krankakass!

Menschenskend

Menschenskend, jetzt bisch du do. Des Wonder isch tatsächlich gscheha, i ka's no gar net richtig glauba.

Was war dees fier a jesses Fraid, wo du dein erschta gscheida Schnaufer do hosch, ond wo mr gseha hot, wie uffgregt dei Herzle bombert. Siehsch no ganz verdruckt, verkäst ond dabbig aus, du kloiner, goldiger Dergl, en deim glatta warma Hemmelbettle dren.

Ha, gell, bisch gschwend verschrocka, wo de pletzlich ieberall die brutale Schwerkraft om de rom gschbiert hosch! Die isch nämlich deswega gmacht, dass de dei Lebdag emmer fescht mit boide Fiaß uff'm Boda bleibsch.

Wo de doch eigentlich von Afang a ebbes ganz anders gwohnt warsch. Ganz schwerelos bisch omanander gschwomma, warsch uff Schritt ond Tritt mit deiner Mama onderwegs, schreia hosch net kenna ond gfüttert bisch worda durch dei gotzigs Nabelschnürle.

Aber von jetz a deen dir Beißerla wachsa, zom des Essa selber kaua. Ond deine butzige Fiaß deen bald afanga laufa, dass de ao später amol do nakommsch, wo dei Muader grad eba net isch.

Gucka muasch lerna ond glei emmer mit offene Auga durch d' Weltgschicht saua, dass de nix versaimsch. Du muasch älles alanga – z'erscht greifa, ond no begreifa! Jetzt goht halt's Leba ganz von vorna los … Du siaße Grodd!

Aber z'erscht läsch dr's amol guatganga! Weil so wie de jetzt älles ens Maul ond woanders neigschoba kriagsch, so guat goht dr's bloß oimol.

Drom lass de fescht ieberall na streichla ond Küssle geba, lass dir dr Ranza mit de allerfeinste Sälbla eireiba, dass die Haut schee woich bleibt ond geschmeidig.

Ond wenn de muasch, no machsch! Denk dr nix dabei, lass oifach saua. Pfeif nei en d' Hos, wenn's onda rom rumort ond de ploogt, bis dr's wieder wohler isch. Ao gschlichene Fürz ond laute Kracher, älles dees derfsch jetz no mir nex, dir nex fahra lassa.

Druff kriagsch gwieß glei wieder ebbes ganz ebbes Feis zom Schpachtla, do kennt i wetta! Weil du ja mol groß ond stark werda sollsch.

Ond ao richtig triela derfsch, weil dees juckt jetzt no koin. Druff stoßsch uff ond machsch a saubers Bäuerle, bis mr no ao dir amol gscheide Maniera beibrengt. Ond wenn dr ebbes nemme basst, no schreisch gradnaus, bis mr endlich sell ao macht, was dr en dr Kopf gsetzt hosch.

Weil du bisch jetzt fier älle en lieber kloiner Keenig, den mr gern gscheid versorgt ond verwöhnt. Den mr saumäßig moog ond drom ao nix abschlaga ka.

Du muasch obedengt ao's Lacha lerna ond's Heula drzua, s Schnutmacha ond's Beleidigtsei. Zu was hosch denn sonscht deine zwei Mundwenkl en dr Goscha dren, wenn de se net ao mol gscheit nuff ond nonder ziehsch? Weil mit dene ka mr subber Schdemmong macha.

Menschenskend, schenier de net! Du derfsch aber fei gwieß ao mit dr restlicha Muskulatur ebbes afanga: Spiel ruhig a bissle rom ond probier älles schee aus. Tu de schdrecka ond dehna, strampl gscheid mit de Fiaß ond schlenker mit de Händ. Jetzt derf no älles in Bewegong sei. Jetzt ka dr no koiner ebbes.

Ond fang zeitig a, dein Goischt trainiera. Dass dei Hirn em Meggl wachsa ka on d' Schlauheit sich koi anders Plätzle sucht. Pass guat uff, wemmer dir ebbes zeigt oder secht, sei fescht neugierig ond wief. Guck dr älles ganz genau a. Ond zwar von älle Seita. Horch omanander mit deine Ohra, riech die viele verschiedene Düft wo's hot, ond schmeck's Essa mit dr Zong. Dr Herrgott hot scho gwieß an älles denkt!

Ond wenn de mol gscheid schwätza kasch, no guck, wie weit de ganga derfsch. Tu romballa ond mit de Nachberskender omananderspiela, such dr feschte Fraind, mit dene du ebbes Domms astella kasch. Aber ieberleg dr am Afang scho emmer ao a gscheide Ausred, bevor de verwischd wirsch.

Ond bass aber ao uff, dass de net gar z'schnell erwachsa wirsch – zieh's naus, so lang's goht, ond genieß die scheene Kenderzeit.

Menschenskend, bisch du en siaßer Knopf! Du klois Honigspätzle, du. Komm, lang mol om mein Fenger rom. Wach uff, fass me gschwend mol a, komm, heb de mol a bissle fescht. Du Bobbele.

Guggug. Guggug!

Mausimausimausi.

Bobbelebobbelebobbele.

Mach doch endlich deine Glotzbebbl uff ond lass de streichla. Ha?

Duziduziduzi.

Gell, des gfallt dir.

Do sperrsch glei dei Göschle uff.

Du bisch halt mei klois Goldschätzle, du.

Was isch denn? Was hosch denn?

Was schreisch denn wie bleed?

Brauchsch ebbes?

Was drucksch'n so rom?

Ond heer uff zom Plärra!

Bisch jetzt bald …!

Halt dei Gosch ond reg me net so uff, sonscht spiele glei nemme so schee mit dr rom. Schreihals, elendiger!

Machsch du des zom Bossa?

Komm, i nemm de a bissle. Willsch romtraga werda oder hosch ebbes anders em Senn?

   Schwätz halt, du Nervasäg!

Bild dr bloß net ei, mit mir kasch Hugoles treiba. I ben doch ao ebber! Bleeder Trotzkopf, verzogener! Wiaschder Denger! Do, lieg nei ond schloof!

Menschenskend …

Viecher gibt's ieberall

Egal wo de bisch ond egal was de machsch, s hot emmer irgend ebbes om oin rom, wo kläfft, maunzt, fiepst, knurrt, schnurrt, gackert oder surrt. Dag ond Nacht, vor oim, hender oim, ieber oim, drenna oder draußa en dr Nadur – weil Viecher gibt's ieberall!

Brauchsch bloß ieber's Trottoir schlabba ond an nix Bees denka. Scho kommt a klois Hondle daher mit ma Nachber em Schlepp ond lässt ebbes blotza, dass mr grad ällaweil uffbassa muaß, net en so en kloina glitschiga schdengada Haufa neizomdabba.

Manche hen so a bleede Loin zom Ausfahra, dass dr Kerle scho mol a bissle oms Eck nom saua ka, bevor se druff selber henderher groifelt kommet. Oft woiß mr fei net, wer do wen schbaziera führt …

Ond wenn sich mol zwoi Hondsviecher treffet, schmecket se anenander z'erscht emmer gscheid ans Fiedele na, ob sie sich ao leida meeget.

Manche Leit hen zom Hobby kloine wuselige Hamster ond struppige Meersäu zom Streichla dahoim. Dr oi hot a hoorige Angorakatz en dr Wohnung hocka mit ma abgschnittena Schwänzle, dass se net abhaua ka, dr ander mag drfier liaber seim stura Papagei s Schwätza lerna.

Die Uffgregte hocket schtondalang vor ihre große Fischbasseng, zom sich beruhiga, mutige Leit hen Krokodil en dr Badwann liega, ond die ganz Verrückte füttret nachts ihre krabbelige Spinna mit selbergfangene Wefzga.

Aber mr braucht ieberhaupt koi Angst han vor dene Viecher, wemmer älles richtig macht. Weil älle sen se, fier sich alloi, ondranander meistens ganz arg treu ond liab ond nett. Ond a jeds Tierle lässt sich streichla – mr muaß bloß wissa wo!

Zom Schbort treiba ond zur Onderhaldong hen se sich scho ao a paar Viecher ausguckt, die nach ma gscheida Training no genau dees machet, was sich ihre Bsitzer ausdenkt hen: Rennpferd hot's zom Rennerles reita, Wendhond zom em Kreis rom ma alda, zottliga Hasafell henderhersaua. Gockeler mit scharfe Kralla ond agspitzte Schnäbl gehn uffanander los ond hacket sich dr Kraga bluadich, ond bei de Toreros em Stadio müsset ällaweil die beschde ond wildeste, floischige Stier dra glauba.

Schlittahond ziehet em Wenter Holzkischta mit Kufa onda dranna durch d' Weltgschicht omanander, ond Kender denket sich Schnecka-Wettkämpf ond Frosch-Hopfetse aus, dass ao do en Sieger gibt.

Ond weil die Tierle ja ieberhaupt koin Astand hen ond koi Kultur, schwätzet se druff los en ihrer Schbrooch, grad wie'ne dr Schnabel ond's Maul ond dr Riasl gwachsa isch. Aber ao meistens emmer dann, wenn se ieberhaupt net gfragt sen – und no ao so, dass mr schier gar ieberhaupt nix verschtoht. Die führet sich scho uff wie rechte Viecher – weil se halt net a gscheits Hirn zom ebbes zom Denka hen!

Aber s hot ao Zeitgenossa onder ons Menscha, die machet's dene gleich. Dr oi schmatzt laut ond dr ander rülpst omanander mit offener Gosch. Dr oi schdengd, dr ander wäscht sich net, ond seller hot no nie a Zaabirschd zwischa seine Beißer gschmeckt. Grad wie bei de Viecher!

Manche schwätzet ond lachet so iebermäßig laut, dass mr's schier gar nemme vom ma Hondskläffa onderscheida ka. Dabei wellet se eigentlich bloß a bissle lustig sei, vergesset aber älle Sitta ond Bräuch, wie mr sich als ordentlichs Menschle zom benehma hot. Hen denn sotte en dr Schul koi Astandskunde ghet?

Dabei hot's doch selbigsmol so a alde Besserwissere geba, die en ma Büchle dren äll dees uffgschrieba hot, wie sich Zifilisierte gfälligscht uffzomführa hen: Dass mr net direkt aus dr Buddl sauft, d' Spaghettinudla uff gar koin Fall schneida derf, bevor mr se nonderschlengt, wie mr d' Tafel richtig deckt, dass mr dr Ellaboga net uffstützt ond dass mr dr Nachdisch net scho vorher probiert.

Aber sell isch ieberhaupt nix gega dees, wie sich die Atmosphäraschdenger ond Bodaverdreckler ällaweil uffführet. Dr oi gast em Wald rom mit seim Karra ond lässt dreckets Eel en dr Boda sickra, dr ander leert sein Transporter uff dr Wies ond schuckt alde Roifa, Müllsäck ond heenichs Plastikglomp dr nägschtbeschde Buckl na.

Die meiste ond dümmschte sen aber die Feuerlesazünder ond Zigarettapaffer. Guck i nom, guck i rom, bubelt grad oiner an ma Blechautomat omanander ond zieht sich a bunts Schächtele raus, mit seine Glimmstengel dren. Ond kaum hen's die Triepl en de Händ, reißet se's Babierle gschwend ronder, dass's glei en d' Kandl fahrt. Weil se gierig sen ond druff neifahret wie a Goiß uff en Epflbutza.

Gscheide Rendviecher sen se scho ao drzua: Oschuldige deen se zom Husta astifta ond henderher schmeißet die Bleede oifach ihre Kippa en dr Gegend omanander. Älle mitanander schdenget se wie Hond – aber net bloß aus dr Gosch! I riech's mit zu'ne Auga, wenn so en Luftverpester ond Krebsawärter vor mir s Treppahaus nuffwetzt. En de Klamotta ond en de Gardina – ieberall hängt's dren!

So oin möcht i net en dr nähera Verwandtschaft han. Der dirft bloß no Bombole schlotza ond Zee butza ond Betthupferle schlecka. Grad so wie's em Nachber ieber ons ganga isch, wo'n sei Alde uff Entzug gsetzt hot, weil die Raucherei bloß no vom Haushaltsgeld ronder isch. Hot der pletzlich wieder en Honger nach Süßigkeita, der Kerle! Älles was d' Langweil vertreibt, hot'r verschlonga. Sogar zom Kegla isch der Kerle dreimol en dr Woch gsaut, damit dr Körper en gscheida Ausgleich hot. Ond scho hot'r vor lauter »Lassmeaumit« em Ehebettle s Schnarcha agfanga wie en Bär beim Wenterschloof.

Drom isch sei Regierong, die ald Kanallje, prompt ao schella komma, zom amol gschwend onsern alda Kassettarekorder ausleiha. Damit se dees uffnehma könnt, wie der Sauklob nachts emmer tut. Seller glaubt'ra nämlich net ond moint, die Sell fantasiert …

Bloß wenn's gscheid ans Essa goht, muaß mr no wieder richtige Viecher han. Die Rendviecher ond d' Säu hot mr sich ja bloß deswega herdo, damit mr Floisch, Wirschd ond Brata draus metzgert ond mr ebbes Gscheits zom Beißa hot.

Selle sen genau sotte Werkdagsviecher wie d' Henna ond Stallhasa ao. Fisch, Enta ond Gäns hoißet bei ons Feierdagstierle, weil mr die bloß höchstens oimol en dr Woch verdruckt ond sich's sonscht koiner leista ka. Bei ganz bsondre Aläss kommet wilde Schnecka, Frösch oder Tauba en dr Kochhafa nei, wemmer mit dene Spezialitätaviecher Fremde damit a Fraid macha mecht ond a bissle ageba dr-zua. Freiwillig tät dees von ons koiner essa!

Aber's Teuerste sen emmer no die Luxusviecher, wo mr bees drfier zahla derf ond no isch's trotzdem no so wenig, dass de bloß zwoimol dra kaua ond oimol schlucka kasch.

Dendafisch. Ond so rote Zangabeißer. Des Glomp schmeißt mr lebendig en a hoiß Salzwässerle nei ond lässt's vor lauter Schwitza s Schnaufa vergessa, bis hee isch. Druff derf mr se afassa ond en sein Grend nonderwürga. Mit oder ohne Soß, grad wie's oim schmeckt.

Muschla ka mr kaufa oder Krabbaviecher, die aussehn wie halblebige, abgschnittene Regawürmer, ond ao no schwarze, bebbige Fischeier. Früher hen's onsre Urgroß-vätter gfressa, wo se no em Urwald waret – ond heutzdag bsennt mr sich wieder uff de alde Sacha. Ond weil's bsonders rar isch, secht mr halt Luxus drzua. Ob's oim schmeckt oder net.

Die Viecher, wo mr net essa ka oder die z'schlau drzua sen, sich fanga ond veschpra zom lassa, tut mr sich als Helfer her.

Blendahond sen d' allerbeschde Fraind, gehen net stifta, sondern führet sicher ieber d' Stroß ond basset schee uff, dass sich koiner dr Meggl naschlecht oder domm en d' Kandl dappt, dass nix passiert. Grad wie selle von dr Polezei, dass koiner ebbes Falschs schmugglt oder gar amol oauffällig stifta goht.

Oder die Delfin, wo die ganze Kunschtschdickle könnet ond für Amerika dr große Ozean auskundschaftet, ob sich em Wasser vielleicht doch irgendwo a paar fremde ausländische U-Boot versteckt hen. Die Viecher helfet de Leit, weil se dene lebendig am wertvollsta sen. Aber's hot ao arme Tierle dronder, die mr verhoizt ond ploogt, dass mr emmer no a bissle gsender durch d' Weltgschicht saua ka von dene Cremes ond Sälbla ond Pilla, die draus gmacht werdet.

Kloine oschuldige Äffle sperrt mr en Käfig, quält se von vorne oder henda, bohrt ens Hirn ond pult em Fiedele ond schließt bunte Käbl a, damit mr gscheid messa ka, wann se afanget leida.

Rattaviecher ond weiße Mäus züchtet mr kreuzwies omanander, spritzt gelbe ond blaue Wässerla, bis se nastracket ond älle Viere von sich deen. No kommt älles en dr Computer nei, ond vierzehn Däg später gibt's wieder a neue Arznei en dr Abodeeg, damit onsre Fengernägl nemme so schnell wachset. Ob dees onser Hemmelvatter älles so wella hot?

S mog scho aber ao Viecher geba, die oim lästig sen. Aber drom quält mr se doch net ond lässt se leida. Mir sen doch kultiviert!

Do hot mr halt no gschwend dr Batscher raus und klopft a paar Mol druff – no hot sich die Gschicht!

Weil manche bublet eh bloß rom, ärgret oin oder deen henderm Küchadisch rombleedla, weil se scheints sonst zu nix tauget. Oder hot schomol oiner an Mucka, Silberfisch, Läus ond Ameisaviecher sei gscheide Fraid ghet? Eba!

Ond weil's uff dera Erdakugel net bloß kloine Tierle hot, wo mr net eisperra ka, oder sotte, wo's nemme viele drvo hot, oder sotte, wo mr scho kennt, weil se sich grad ausgrechnet bei ons en dr Gegend romtreibet, sen Zoo gmacht worda. Dass sich jeder wo mag ao amol ausländische Viecher von woanderscht aglotza ka – ond die aber ao ons.

Älle waret se, bevor mr se eigfanga hot, amol ganz arg wilde Denger ond sen erscht langsam zähmig worda, wo se onser Kultur gscheid kennaglernt hen ond gmerkt hen, wie schee mir lebet.

Do krieget se morgens ond abends ihr Essa ond ihr Trenka uff dr Tisch ond könnet sich's guat ganga lassa em Zoo. Sogar scheißa kennet se wann und wo se wellat – weil extra drfier Agschdellte emmer fleißig henderherbutzet. Weil wemmer sich a klois bissle mit dene abgibt ond se sennvoll bschäftigt, fanget se bald a oin richtig gern zom han. Aber wenn's dene scho wieder *zu* guat goht, moinet se, se könntet älles dirfa. Wie der overschämte Aff mit seim fetta Rotärschle, wo mi ällfort nachmacht, wenn i mi a bissle henda am Buckl nonder kratz. Drom hoißt mr wahrscheins des ganze Gschiss ao »nachäffa«!

Ond wemmer so romstolziert ond guckt, sieht mr die omeeglichste Viecher en ihre Käfig hocka, aber älle ganz friedlich beianander. Jonge Nashörner suhlet en dr Dreckbrieh, dass's gscheid spritzt, Giraffa scherret mit ihre lange Häls an de Baim, ond rosa Flamingoveegl schtandet dr ganz Dag bleed uff oim von ihre zwoi dirre Stelzfiaß rom. Die Löwa mit ihre Wuschlköpf stracket ällaweil bloß traurig en dr Sonn ond faulenzet stur vor sich na, weil se koin Auslauf ond koi Bschäftigong hen, dabbige Eisbära hocket zittrig en kalte Gletscherspalta dren, ond die kloine Pinguin en ihre schwarze Fräck stehn dranna wie elendig hypnotisierte Bräutigäm.

Gürtltierla hot's zom Agucka ond jonge Känguruh, die schäps aus de Muaderbeutl hänget, s hot lebendige Zebrastreifa uff Pferdle druff ond riesige Straußvögl, die ällfort ihre kloine Meggl nonder in dr Boda stecket.

Krokodil lieget mit uffgsperrte Goscha wie halber tot em Wasser dren, Schlanga wuslet em Sandkaschda rom, ond hongrige Geierviecher krallet sich uff ihre Stanga droba feschd ond deen so, als ob se dees älles nix agoht.

S isch scho ebbes bota uff dera Welt. Ond ob se jetzt Pfota, Huf, Flossa, Tatza, Flügl oder Kralla hen – ois isch so sicher wie's Amen en dr Kirch: weil ganz egal, wo mr sich romtreibt ond egal, was mr grad macht – Viecher gibt's ieberall.

Ond moint mr no, mr wär endlich amol alloi – no brauchsch bloß gschwend en dr Spiegel glotza. No merksch's ao du:

Viecher gibt's wirklich ieberall!

Von dr heutiga Jugend

Jetzt da guck na.
Gibt's ao so ebbes.
Des hättet *mir* ons
frieher net traut!
Da hätt's gscheit a paar
hender d' Ohra geba.

Ond wie die aussehn:
blau ond rot ond gelb,
älles durchanander.
Dees soll modern sei?
Komm, gang mr weg!
Ällfort kommt ebbes anders uff.
Damols hot no älles
sei rechte Ordnong ghet.
Zu onsre Zeita.

Da hot mr no
oscheniert naglotza könna,
da hot mr no gwisst
ob's en Kerle
oder a Mädle isch.
Aber heutzdag isch älles erlaubt.
Vom Kiddl bis zu de Haar,
Knopf em Ohr oder Knickerbocker,
kurz ond lang ond gschtroift ond scheckat:

grad wie's a jeder mag.
S isch halt nemme dees!

Ond die bleede Schmiererei rengsom
an de Ärm ond uff em Ranza:
Schdroifa ond Schdernla
ond Buchschdäbla ond Schbrich
ond Viecher ond Dabber
ond Gsichter ond anders Gschleng.
Dees goht fei nemme ronder!
Net amole mit dr Wurzlbirschd!
Ha so a Overnompft.

Heidanei, hen die's pressant.
Müsset die vor älle Leit …?
Des goht doch gwieß koin ebbes a,
ond's möchte drom bstemmt
ao gar koiner seh.
Wie die dranna schtandet!
Schenieret die sich net?
Hen die a Hitz,
die zwoi.

Was hen mir ons
agstellt frieher
ond Zeugs ausgheckt
ond gschwendelt ond do,
dass mr ons hälenga
öfters amol hen treffa könna.

Des war no a rechte Liab'.
Heut probieret se älle s Schmusa
schomol vor em Heirata
gscheid aus.
Ond gucket, wie se wo zammapasset.
Ond dees ao no
en aller Öffentlichkeit!
S goht halt abwärts.
Mit dr Jugend ond mit dr Tugend.
Ond ao mit dr Moral.
Manche deen so bleed omanander,
hopfet rom
uff die neumodisch Halli-Galli-Musik,
tätschlet sich überall dran na
ond gebet bleede Antworta.
Die oine bildet sich –
ond die andre ebbes druff ei.
Ob dees no lang gut goht
mit dene jonge Leit?

Frieher hätt's dees
fei net geba!
Da hot mr no Astand ghet.
Vor em Alder.
Ond wenn *i* drom nommel
uff'd Welt komma tät,
i tät älles wieder
ganz genauso!

Aus ons
isch doch ao ebbes worda!
Ao wemmer's älle mitanander
net leicht ghet hen.
Oder aber ao grad drom.
Ons hot mr nix gschenkt, mei Liaber.
Mir hen Opfer brocht,
mir hen no onser Herzbluat
gscheid vergossa!
Da hot jeder gucka müssa,
wo'r bleibt.
Dees sollet *die* erscht amol nachmacha!
No schwätzet mr weiter!
Faulenzer, odankbare …

Da opfert mr sich uff,
schafft sei Lebdag omanander,
gönnt sich nix –
ond no so ebbes!
Treibet sich am helllichta Dag
en dr Weltgschicht rom
ond wisset net, was do.

Sotte Maniera hätt *mir* mei Vatter
scho austrieba.
Da isch net lang gfackelt worda!
Z'erscht hot's oifach amol
a paar Backpfeifa geba.
Ond wer em Recht war,
hot mr no erscht henderher gfrogt.

Jetzt guck da na,
jetzt ganget se.
Ond wie langsam …
Enanander nei verkeilt
mit ihre Ärm,
Seit an Seit,
Hüft an Hüft,
Meggl an Meggl,
wie wenn se sich
scho saumäßig arg meeget.
Dabei hen se gwieß en vier Wocha
wieder ganz ebber anders em Schlepp!

Nix als Bleedsenn em Kopf!
Lebet die eigentlich bloß emmer
oifach so en dr Dag?
Wisset die net,
was älles zom Schaffa isch?
Die sottet amol zu *mir* komma,
aber dene tät i's zeiga!
Was hemmer bloß für a Zeit!

S isch scho a Kreiz
mit dr heutiga Jugend …

Bis dr Wei em Gläsle isch

Weil älle Schwoba Wei'le saufet
ond sich des Zeugs bloß ogern kaufet,
hen viele henderm Häusle dranna
ihrn oigna, kloina Wengert hanga.

Doch vor dr Fraid kommt zerscht die Ploog,
da muaß mr fleißig sei, koi Froog,
denn bevor mrs saufa ka,
muaß mr ebbes drfier do.

Z'erscht goht mr an dr Weinstock na,
egal ob Weible oder Ma,
des isch dem Denger völlig gleich,
die Hauptsach isch, mr dongt koin Soich.

Mr sott jeds Trieble gleich behandla,
schee schneida, pflega, net verschandla,
dass wenn am Dag die Sonn rabrommt,
se überall gleich schee nakommt.

Ond weil viel Hitz zu Zucker wird,
hen des die Viecher au scho gspürt.
Die Schleckmaul-Spatza sehn des gleich,
drom ghert dren nei – a Vogelschaich.

Au sonst deen viele andre Sacha
sich an de Stöckle z' schaffa macha,
drom sott mr selber viel meh wiefer
sei, als des bleede Ogeziefer.

Da gibt's fier älles seine Tricks:
Mr spannt a Netzle, haut uff'd Bix
ond manchmol tut a Gift au not.
No wachst die Traub – ond's Viech isch tot.

Ob Sonne, Rega oder Schnee –
des Wetter macht dr Wei erst schee.
Weil so halt jedes Träuble spürt,
dass's bsonders gut versorgt au wird.

Ond wenn sich's wohlfühlt ond gedeiht,
braucht's nemme lang, no isch's so weit.
No ka mr pralle, süße, feschte
Träuble ernta – die sen's Beschde!

No müsset viele Leit mit Schera
die volle Rebstöck sauber leera.
Ond jeder hot am Buckl dranna
drfier a extra Körble hanga.

Die volle kippt mr druff no fei
glei en en großa Waga nei,
bis mr des ganze Träublesgfährt
en so a Pressmaschinle leert.

Da drenna druckt's die rote, d' weiße
no so lang zamma – bis se Brei sen.
Ond aus em Hahna onda dranna
ka mr dr Träublessaft empfanga.

Des Kernerglomp ond d' leere Häut
kommt en dr Kutter, liebe Leit,
weil mr *den* Schlonz, des isch ja klar,
halt später mol net saufa ka!

Des Traubasäftle leert mr glei
en so a hölzerns Fässle nei.
Ond weil's em Donkla sich scheniert,
no gärt's – dass draus a Wei'le wird.

Wenn jetzt die Zuckermischong schdemmt
ond druff des Glomp sein Gschmack anemmt,
ond wemmer heimlich panscht em Stilla,
no ka mrs bald en Flascha fülla.

Weil später merkt des mol koi Sau,
die glaubet, s läg am Wei'abau,
so fei ond voll schmeckt's, süß ond guat.
Denn wer net bscheißt – dem lupft's dr Hut!

Die Flascha lagert mr em Keller,
weil da gedeiht der Wei viel schneller
ond hot die richtig Tempratur.
Daneba hangt a Öxles-Uhr.

Die brengt no d' Wooret uff dr Tisch,
mr sieht, wenn's Wei'le fertig isch.
Druff kommt a Etikett no na,
damit's mol jeder bstella ka.

Isch älles gschäh, no kommt die Zeit,
da hot mr sich scho lang druff gfrait.
Mr macht sich halt a scheene Schtond
ond gönnt sich was – so bleibt mr gsond.

Mr nemmt a Fläschle zwischa d' Schenkl,
hebt en dr Hand a Glas am Henkl,
druff fahrt mr mit ma Korkazieher
en Korka nei – grad so wie frieher.

Mr reißt des Glomp no jedafalls
an oim Schdick aus em Flaschahals.
Druff tut mr, s ka sich jeder denka,
dr Rebasaft ens Glas eischenka.

Mr hängt sein Zenka drüber no
ond schmeckt, ob der au wirklich so
die rechte Blum hot, zom Genießa,
sonst müsst mrn halt en Gulli gießa.

Wenn jetzt drzua die richtig' Leit
beinanderhocket, isch's so weit.
Ond weil fier selle des nix koscht,
drom saget se äll Furz lang: »Proscht!«

So sen scho viele Däg verloffa,
dr oi hot zahlt – die andre gsoffa.
Dr oi verträcht's, dr ander net,
drom hot au *der* en Balla ghet.

Weil älles isch en Maßa gsond,
z'viel tut net gut ond goht uff d' Bomb,
ond z' wenig – des woiß jedes Kend,
dass sell no glei voll gar nix brengt.

Drom stoßet a ond schenket ei!
Was ka denn heutzdag scheener sei,
als a gut's Viertele zom trenka
ond henderher ens Bett nei senka.

So vergisst mr seine Sorga,
gschafft wird no erst wieder morga.
Weil Wei'le schlotza, ohne Froog,
isch fier dr Schwob a Gottesgab.

Ond Gottesgaba soll mr pflega,
des isch genau wie mit em Leba.
Drom dürfet mir schee dankbar sei
em Herrgott – fier sein guta Wei!

Hättsch bloß uff me ghert

So, jetzt hemmer dr Salad!
Sauberle.
Hosch's mol wieder gschafft.
Dees hosch jetzt drvo.
Uff mi willsch ja net heera.
I han mr glei denkt, dass des net
guatganga kaa.

Aber noi,
du muasch ja obedengt emmer dein
eigena Willa durchsetza.
Duuu willsch ja deine Erfahronga ganz
alloi selber macha.
Ond no sieht mr ja, was drbei
rauskommt …

Hättsch halt besser uffbasst!
Wo hosch'n wieder deine Auga ghet?
Ond i han extra no denkt, hoffentlich
passiert da nix.

I han scho glei
so a oguats Gfühl ghet,
wo de ganga bisch.
Aber du willsch ja selbschdändig sei.
Dir ka mr ja nix rechtmacha!

So ebbes.
Da ka mr saga, was mr mecht,
aber du heersch oifach net.
Bis no z' schbät isch.
Ond no brauchsch me wieder!

I han dr's ja glei gsagt.
Hättsch bloß uff me ghert …

Ha?
Was moinsch?
Ach so, des isch gar net so schlemm?
Des warsch du net?
Sell war scho so?
Des ghert so?
Sooo …

Ha no.

No will i amol
ieberhaupt nix gsagt han.

Mei Moggele

Du bisch mei herzichs Moggele, mei Bluat flicßt bloß no wega dir. I ka di gottsallmächtig leida. Du bisch ieber mi komma wie en bonter Regaboga, mitta en dr Nacht. Ganz owahrscheinlich, oifach so, von jetzt uff nachher.

I ka's emmer no net glauba, dass's isch, wie's isch –
mei Moggele.

Wenn i so mittenei en deine donklbraune Rehäugle guck ond seh, wie dr Hemmel dren leuchtet, wenn i mr so deine schwarze Wempra aguck ond seh, wie dr Wend neifahrt, no woiß i grad, dass i di jessesmäßig moog.

Ond bevor du mir en Schmatzer gibsch uff d' Wang, machsch emmer so a scheene feuchte Schnut, mit deine rosarote, zwetschgawoiche Erdbeerlippa. Sell kennt mr guat no a Weile länger aushalta, des mit deine zärtliche Küss, weil die sen gwies mit's Allerscheenschte uff dr Welt.

Mei Moggele, i han di gern.

Die salzig Haut von deine Ohrläppla schmeckt ällaweil grad so wie die beschd Flädlesupp von meiner Muader – von deim zarta, langa Schwanahälsle ganz zom schweiga. Des macht me a, da muaß i mi heba.

Weil i neibeißa kennt, grad wie in en Floischkäsweck! Du bisch a goldigs Wesa, mit deiner herzensguata Art. Ond schnurrsch wie a klois Mulle, des sich saumäßig frait, wenn i dir mit meine frisch gschnittene Fengernägl ieber dr Buckl fahr, ond a bissle dr Halswirbl … bis ganz nonder kratz.

Du hosch en jesses Körperbau, mit ewig lange, grade Fiaß ond denne, gertaschlanke Schenkela. Ao sonscht isch älles gwieß am rechta Fleck.
  Deine Hoor hänget ane wie Girlanda, deen schee sauber glänza ond riechet wie a Blümleswies. Du hosch koi Fältle uff'm Ranza, ond woiche, glatte Händ.

Wie gsond du bisch, mei Moggele.

Ond mit deim lieba, gmiadlicha Dialekt merkt mr, dass de's ehrlich moinsch mit mir. Du verstellsch de net, wenn ebber Fremds om ons romschtoht, sondern bleibsch grad wie de bisch – a saubers Mädle halt.

Mei Anmenaschlupferle, i mog de leida.

Komm her zu mir ond lass de drucka, mei ganze Seel verlangt nach dir. Weil mir zwoi gheret zamma wie Essich ond Eel, wie Pfeffer ond Salz, wie Knäusle ond Riebele. Du hosch me granadamäßig gfanga, ond i woiß scho ganz genau, was i Guat's an dir han.

Drom ka i ohne di jetzt nemme sei.

I brauch de ond i han de gern – mei Moggele.
Mei treus, liebs, schmusigs Moggele …

Amblhudeleia

Wenn de morgens en dr Flecka
ganga willsch – no musch de schdrecka.
Mr kommt schier nemme über d' Schdrooß
weil dr Verkehr isch fast zu groß;
ond willsch uff d' ander Seite nom,
no wird's brenzlig – dees isch domm!

Jeder Dackl fahrt heut Auto
damols no hätt dees koi Sau do,
dass mr, weil mr'n Euro schbart
gschwend ens Eikaufscenter fahrt,
die ganze Omwelt so verraucht
ond fier zwoi Euro Sprit verbraucht.

Drom han i oft fier solche Fetz
bloß no dr Gruß von onserm Götz;
weil jeder hockt en Karra nei
ond los goht scho die Raserei.
Bass du bloß uff – s isch nemme schee,
sonst bisch am End womeeglich hee.

Der Laden, wo i nieber mecht,
isch wisawie – ond's wär net schlecht,
könnt i da gschwend mei Zeidong kaufa
ond druff no glei zom Bäcker laufa.
Scho fangt oin Fuaß zom Zucka a,
dass i en grad no heba ka.

Denn mr secht ja zu de Kender,
wemmer nüber will, isch's gsender,
dass mr net en d' Schdrooßa dabbt,
sondern zur Ambl nieberschlappt;
weil sieht dees mol die Polizei:
mit fuffzich Euro bisch dabei!

Ond weil mr dees zu spannend isch,
ob i grad mol a Luck verwisch,
drom zieh i schnell mein Schtandfuaß zrück,
scho kommt en Karra – han i Glück!
Druff lauf i grad so wie i ben
an d' Ampel na ond wart auf Grün.

Kaum schtand i dranna ond tu pfeifa,
hupet Kärra, quietschet Roifa,
a Kendle hopft am Stroßarand
ond d' Muader hebt's fest an dr Hand.
Dass's net voll en d' Kandl fliegt
ond no uff em Beddo liegt.

»Mama, guck amol dees Männle.
Mama, i muaß jetzt a Pfännle.
Mama, wo isch denn dr Papi?
Mama, guck amol, en Trabbi!
Der kloine Bachl hot a Meis –
ond uff mein Schuah trielt Erdbeereis.«

Ond ao dem bleeda Nachbersma,
wo i scho gar net riecha ka,
muaß i direkt en d' Auga gucka.
Normalerweis tät i mi drucka,
wie wenn i den net seha tät.
Bloß an dr Ambl gohts halt net!

Da muaß mr en dr Epfl beißa,
egal wie au die Triepl hoißet.
Mr grüßt se fraindlich, Frau wie Ma,
als ob mr älle leida ka.
No schtoht mr dort ond betet fromm:
O grünes Männle, bitte komm!

Sonst froogt womeeglich oiner bleed,
wie's denn dahoim om d' Kender steht;
ond scho musch während dem Beschreiba
drei Ampelphasa schtanda bleiba.
Druff woiß der beschdens, wie dirs geht,
bloß eikauft – hosch no emmer net!

Om mi rom da zerrts ond babbelts,
henda an dr Kreizong rappelts.
Mir wartet uff des grüne Männle –
zom Bossa lässt des Kend a Pfännle.
Bloß die Ambl schtoht bleed rom
ond schalt' net oms Verrecka om!

Jetzt fangts au no zom Tröpfla a
als ob's nix bessers macha ka.
Noi – net dees Kendle mit saim Pimml,
die Feuchtigkeit kommt ra vom Himml.
Ond weil die Kandl hot koi Dach,
drom sammlt sich a Wasserlach.

Ka denn der net mit saim Karra
zu saim andra Schätzle fahra?
Muaß der Sempl grad da eba
durch die Pfütz a Gas jetzt geba,
dass die elends Kandelbrieh
mei Hos versaut bis nuff zom Knie?

S goht nemme lang, no krieg i Wut:
Du rotes Männle mit dem Hut
mach du bloß koine Kapriola –
i han mei Zeit fei au net gschtohla!
Willsch du denn, dass mr hier ertrinkt?
Scho hot des grüne Männle blinkt.

Mir laufet los ond dabbet nüber,
von drüba schlurpfet andre rüber;
mr denkt scho an die Drängelei,
wer goht jetzt rechts, wer lenks vorbei?
Bis dass, was pletzlich jeden stört,
en Karra mitta durch ons fährt.

Wart, i hau dr ois uff d' Kapp!
Moinsch, die Seggl bremset ab?
Statt dass se richtig schtanda bleibet
ond sich halt kurz mol d' Zeit vertreibet,
drucket se dr Bleifuaß nonder,
dass nix passiert – isch grad a Wonder.

Net gnug damit, dass jeder gschwend
mit oim Satz schnell uff d' Seite schprengt.
Noi, wenn de Pech hosch, isch's a Pleit,
stohsch uff dr falscha Stroßaseit;
grad wo de vorher schomol gwä,
dees glaubsch du mir – s isch nemme schee!

Drom schwätz net viel, gang deine Gäng
ond wenn de's eilig hosch – no renn!
Am beschda wärs mr ließ sich glei
erst überhaupt uff gar nix ei.
Mr schnappt sein Zettl, hockt en Karra
ond tut halt au – Eikaufa fahra …

So wie's die meiste Jonge machet
ond an dr Ambl d' Leut auslachet.
No kasch an dene trübe Tassa
bei jeder Pfütz dai Wut nauslassa;
dees isch koi Frog, so muaß es sei
drom mach jetzt i – mein Führerschei!

Dr Sesselstürmer

Er: Komm, schalt jetzt om, s muaß glei so weit sei!

Sie: Was muaß glei so weit sei? Sag bloß, du willsch heut scho wieder dein bleeda Fußball glotza?

Er: Schwätz net lang. Druck amole uff dr Knopf von dera Fernbedienong – i glaub, die fanget scho a.

Sie: Ond i werd wohl gar net gfrogt? Du emmer mit deim Schbortglomp do, wo zwanzig Hansla so'ra bleeda Lederkugl henderhersauet. Die Romballerei do brengt doch nix!

Er: Zwoiazwanzig! Schaltsch jetzt bald om?!

Sie: Aber i hätt so gern em Erschta des Musikfeschd gucka wella, mit em Hubert Heiderneck ond dr Sofie Käbelesmaier, des isch emmer so schee. Do brenget se ällaweil so …

Er: Komm, gang mr bloß weg. I schaff dr ganz Dag wie en Bleeder ond grubl rom ond breng dr's Geld hoim, dass du dr deine allbachene Kloider kaufa kasch, no guck i gfälligst ao mein Schbort! Geb mir amol jetzt des Kästle her!

Sie: Ha, du spielsch ja wieder druff rom, wie uff ma Klavier.

Er: Jetzt han i dr Afang verpasst. Älles wega dir! Kasch du mr vielleicht saga, ob die scho a Tor gschossa hen?

Sie: Wenn die so weiterspielet, sen se bstemmt scho henda.

Er: Du hosch doch ieberhaupt koi Ahnong, was lauft!

Sie: Wer sen denn die mit dene rote Leible?

Er: Was brengt dees, wenn i dr's sag? Nachher woisch's ja eh nemme! Komm! Gang! Sau gschwend! Den kriegsch no.

Sie: Du emmer mit deine derbe Ausdrück! So ebbes wellat d' Fraua net hera. Die brauchet a bissle Männer mit Aschtand.

Er: Des isch ao nix fier Fraua. Jetzt gang scho endlich en dei Kich!

Sie: Aua, jetzt isch'r naghagelt. Do hot'r sich bstemmt weh do. Der arme Bua.

Er: Gfault hen se'n, die Schlamper. Ond dr Schiedsrichter hot nadierlich wieder nix gseh! So a Pfeif!

Sie: Isch des der mit dem Fähnele?

Er: Oh, du blicksch's aber ao gar net! Noi, sell isch dr Liniarichter, der basst uff's Abseits uff.

Sie: Sonscht hot der nix zom do? Guck amole — hen die zwoi do en Händl mitanander?

Er: Ha, do muaß aber jetzt amol a gelbe Kart her! Bleede Romballerei do, die mauret doch die ganze Zeit. Schtandet älle hendanei ond deen bloß oifach kontra … Koi Wonder, dass bei de Onsrige nix lauft!

Sie: Schieß doch! Bass uff, Henderma! Auf goht's — nei ens Toor mit dem Ball!

Er: Du alde Rätsch, du schreisch ja fier de Falsche! De andre sen de Onsrige!

Sie: Lass mi doch. I will halt ao a bissle. Was isch des ieberhaupt fier en Kick?

Er: Pokal. Ond lass mr bloß mein Frieda! Jetzt hen die Daggl direkt vor em Sechzehner a so a saudomms Faul gmacht. Ha, den hättet se ruhig schießa lassa könna — der hot doch eh zwoi lenke Fiaß!

Sie: Bass uff, jetzt krieget se oin nei …

Er: Hör bloß uff mit deim Gschwätz. Emmer, wenn du ebbes sechsch, no passiert's grad so.

Sie: Dass de mir wenigschdens dees amole zugibsch!

Er: Schwätz mr nix en d' Tasch, sonscht kaasch ebbes hera! Holsch mr a Bier?

Sie: Dadrzu ben i dr guat gnug. Toor. Toooor. Do, guck: Toooooooor!

Er: I han's doch glei gwisst. Bloß weil de net schdill hocka kasch. Ieberall muasch mit zwischaneischwätza!

Sie: Des hen se sich doch selber eibrockt. So wie die sauet ond kicket, gwennet die koin Bloamadopf!

Er: Onsre schbielet fair. Mir hen halt viele Techniker en dr Mannschaft, die kennet gar net so faula wie de andre!

Sie: Faul, faul! Ha des isch jetzt aber nemme schee!

Er: Wer ausdoilt, muaß ao eischdegga …

Sie: Gohsch du aus der Mauer raus! Der druckt doch? Fauler Trampl! Ond worom schießt'r net? Bäätsch. Jetzt aber …! Der arme Denger. Mittanei ens Gmächt!

Er: Ausgewechselt gheret se. Älle mitanander. Jetzt schieß doch, du Daggl. Schwätz net lang. Bass uff, Henderma!

Sie: Was hen se denn do wieder fier oin eikauft? Jetzt ka i gar nemme – worom kriegt der a gelbe Kart?

Er: Weil der Spitzbua a Schwälble gmacht hot.

Sie: Von wega! Schiedsrichter! Telefoo!

Er: Bschiss kommt uff dr Disch! Ond jetzt halt endlich dei …!

Sie: Jetzt nemmt der den Ball do ja en d' Händ …

Er: Ha, des isch doch dr Torwart …, wart …, Tor, Tooor …!

Sie: Hot der Bachl den falla lassa? Isch dees en rauer Schbort!

Er: So, des hen se drvo, die Maurermeister. Was die do romgeiget, goht uff koi Kuhhaut meh. Lass doch deen net so frei schtanda. Decket doch den Spaghetti!

Sie: Ond jetzt flank schee en d' Mitte nei. Kopfball — Tooor!

Er: Mir langt's! Ausgschalta wird. Wenn se scho verlieret, no brauchsch mr wenigstens net du ao no d' Ohra vollheula. Ond ois sag i dr: S nägschde Mol glotz i mein Fußball wieder alloi. Sonscht pfeif i dr ois!

Sie: Pfeifadeckl! Des tät dr so passa. Ond jetzt gohsch mr en dr Keller na ond brengsch a Körble voll Grombiera ruff.

Er: Von de große oder von de kloine?

Sie: Sell isch egal. Hauptsach, du schwengsch dein Ranza amol wieder a bissle durch d' Wohnong. Du bisch halt mein kloiner Sesselstürmer! Ond jetzt mach nore, i han bschdemmt bald Honger …

Mugga ond Magga

Wenn de so langsam ens Alder kommsch, gscheid wirsch, aber drfier ao nemme so gsond bleibsch, dr Ischias ploogt ond's Gedächtnis nochlässt, no hosch bstemmt mittlerweil ao so deine Agwohnheita ond Gwohnheita, deine Mugga ond Magga.

Früher als klois Kend bis en dei Jugend nei hosch de emmer ieber die Erwachsene uffgregt ond de gwondert, was die älles so fier komische Magga han könnet. Manche lasset ständig ihre Glenk en de Griffel kracha, dass bloß so schebbert, die oine ziehet dr Zenka ällfort nuff ond andre bohret mit em bsonders langa Nagel vom kloina Fenger en ihrm schmalziga Ohrlechle rom. Dr oi ka's Rülpsa net verheba ond dr ander schlürft sei Essa en dr Grend, obwohl's längscht kalt isch.

Als Bua hosch drieber glacht ond richtig druff gwartet, dass oiner seine Magga macht. Die kriegsch nämlich aus koim Meggl meh naus, weil mr des älles von irgend ebber sich audomadisch abguckt ond's z'mol wie von alloi nochmacht. Bis mr's gar nemme merkt, weil's pletzlich ganz von selber goht …

Bei Fremde, Bekannte oder Fraind kaasch de saumäßig dra freia, weil des halt koine Verwandte sen ond's de nix näher agoht. Aber wenn's oiner von de Deinige hot — no könnet's älle kriega.

Z'erscht hosch de gwehrt ond de furchtbar em Schdilla drieber g'ärgert, dass dein Vadder ao verwischt hot ond ghofft, dass de die mol net iebernemmsch, seine Magga. Jetzt isch dei Vadder nemme, ond deine Kender fallet grad die gleiche Sacha prompt an dir uff. Bloß die saget's ao no laut!

Kaum isch dr direkte Vorfahr tot, gehn nämlich gwieß die allerschlemmschte Magga älle ganz uff d' Kender ieber. Wie en dr direkta Vererbong kwasi. Ond no hosch se ao du dei Leba lang. Aber mit sell kaasch leba. Denn so ebbes macht ja trotz ällem erscht dr richtige Karakter vom a echta Schwoba aus. En Schwob ohne Magga isch wie en Fisch ohne Gräta!

Bloß ois, ois isch fier me fürchterlich, ond des sen Mugga. Denn die sen zom Verricktwerda!

Em Gegadoil zu de Magga sen die Mugga rein äußerlich. Mr könnt, wemmer wellt, ond trotzdem macht mrs emmer wieder grad wie zom Bossa. Aber dr Schwob reget eh bloß Lappalia uff. Denn ieber'm Zäpfle en seiner Gosch zapplt von morgens bis obends, ällzeit bereit, s Zidad vom Götz von Berlichinga. Ond des zapplt so lang, bis mr's kitzlt — ond no fahrt's naus wie en Donnerblitz am hellichta Dag.

Sell passiert mir ällaweil auswärtig, öfters amol noch em Essa: Du schiebsch dr gmiadlich dei Portion Lensa mit Spätzle en dr Riaßl, s hot gschmeckt, d' bisch satt ond dr Ranza schbannt. No wartesch voll, bis es Uhrwerk uff halber zwoie ruckt, denn des isch dei Zeit, dei Agwohnheit, no raffsch de uff ond schleichsch de, bevor de di kurz für a halbs Schtindle nastracksch, gschwend no uff's Klo.

S fangt scho a zom kutzla. Aber du verdrengsch's ond schiebsch's no a Weile naus. Bloß jetzt no net gucka! Sonscht goht des Gschäftle vielleicht gar net erscht los. Also hocksch na ond läsch's gscheid laufa. Mitta en die Schüssl nei, wo seitlich onderm Rand so en bleeder blauer Duftschdoi granadamäßig schdengd, weil die ganz Zeit des Wasser von oba uff'n rondertrielt. Außerdem haut's oim bei jedem Schdickle, wo mr blotza lässt, von onda ruff en gscheida Schwung Wasser an d' Arschbacka na, dass's bloß so spritzt.

Do könntet sich die Herra Inschenör ao mol a anders Patent ausdenka, schließlich lebet mir ja mittadren em Land der Dichter ond Denker!

Uff oimol hosch's Flucha ganz vergessa, weil so a guats Gfiahl von Miadigkeit ieber de komma isch ond du de noch deim Gschäft ganz erleichtert fühlsch. Du kommsch ens Sinniera, traimsch a bissle vor de na, willsch dei Sitzong beenda, aber ... jetzt lässt sich's halt nemme vermeida ond du muasch's nehma, wie's kommt: Während sich dei rechte Hand vom Körper streckt ond uffgoht zom Greifa, d' Auga zom Sucha afanget ond d' Nas audomadisch nommel en kräftiga Zug nemmt, reißt's dr's Maul uff. Ond während s Zäpfle am Gauma henda afangt zom jucka, lasset d' Lippa glei d' Sekond druff dr ganze Götz zom Hals naus.

S kaa ja fascht net anders sei, do hängt se. En Meter zwanzig ieberm Boda ond en so ma saudomma Gschdell dren. Meeglichscht ao no weit lenks hender'm Kreiz, wo de mit dr Hand uff gar koin Fall so leicht nakommsch: die saubleede Kloroll!

Zom Glück isch ieberhaupt Papier druff, dass grad langa könnt. Net gnug damit, dass es z'denn isch ond du's zwoimol eischlaga, also en »Doppldecker« draus macha muasch, damit dr deine Fenger beim Butza sauber bleibet. Do hosch de dro gwöhnt, des goht scho audomadisch. Noi, viel schlemmer no: Se hängt … verkehrtrom!!! Ond die perforierte Blättle mit dem allbachena Muster druff flattret grad so halblebig an dr Wand ronder.

Jetzt kommt die Phas, wo de gschwend ens Ieberlega kommsch, was wichtiger isch … glei a richtige Ordnung schaffa oder erscht mol dr ganze Bettl ondarom abbutza.

Weil i's halt bekwem han mecht, dreh i persenlich die Roll erscht mol ieberhaupt schee sauber rom. Dass des Papier nach vorne fallt ond mr's so leichter abreißa kaa. No leg i's zamma, wie sich's ghert. Ond weil i en Rechtshänder ben, verlager i's ganze Gwicht uff d' lenke Seit, dass die Hand, wo's Papier hebt, ogschdroift do na kommt, wo's ebbes zom Schaffa gibt. Ond no wird putzt, bis halt älles richtig sauber honda isch.

Druff bleib i gschwend no droba uff dera warma Schüssl hocka ond schnauf aus, weil jetzt endlich die Ploogerei a End hot. I schdier ens Leere ond fang's Draima a. Endlich mol a ganze halbe Schtond nix do!

Ond wenn i oin oinziga Wunsch amol frei hätt, no wüsst i genau, was dees wär!

Weil ois mecht i gwieß mol erleba: en ganza Dag voll mit Leit ohne Magga, ond drzua en perfekta Abe. Mit'ra scheena feina Kloroll – gscheid zom Nolanga ond richtig rum uffghengt!

Au a bissle onderwegs

Persona:

Frailein Amalie Bächtle	*75 Kilo. 68 Johr.*
	Aus Überzeugong ledig.
Witwe Trude Kolb	*165 cm (mit Schuh). 70 Johr.*
	Drei Enkela.
Frau Klara Häfelin	*65 Johr. Vollschlank.*
	Seit 43 Johr verheiratet.
Frau Christine Popp	*38 Johr. Lehrersfrau*
	ond seit kurzem Muader.

Ort der Handlong:

Uff dr Schdrooß, am Eck zom Friedhöfle nuff.

Kolb: So, ja was. Au a bissle onderwegs?

Bächtle: Ha jo, awa. Brauch no ebbes uff dr Gottesacker nuff. A paar gscheide Blümle such' e, aber des Glomp hebt älles net!

Kolb: Worom, wer isch 'n gschdorba?

Bächtle: Nearmerds. I versorg bloß's Grab vom Nachber, weil sein Bua für a halbs Johr uff Amerika isch, s Studiera afanga.

Kolb: Ond wie goht's selber?

Bächtle: Dankschee. Mr muaß halt zfrieda sei ond's nehma, wie's kommt. S Kreiz will nemme recht ond dr Ischias ploogt.

Kolb: Ja, ja. Lang leba wellat älle. Bloß net ald werda! Aber sen Se froh, dass sonst nix isch! Andre hen da fei no meh Malör. Mr sott net klaga, sondern a bissle gsender leba …!

Bächtle: Meine Zee hebet au nemme recht am Gauma dranna. Jetzt ka i mir drom grad seit vierzehn Däg ällaweil Süpple kocha ond drzua Brot drennei donka, weil i net gscheid beißa ka.

Kolb: Ond was secht dr Dokter?

Bächtle: Ha, zua dem gang i nägschde Woch amol. Vorher kommt doch mei Schwägere aus em Hohalohischa. Da han i gnug zom do! Kocha, Schwätza, Flicka, Eikaufa, Betta überzieha, Saubermacha – i woiß bald nemme, wo mr dr Kopf schtoht.

Häfelin: Griaß Gottle mitanander! So, au a bissle eikaufa?

Kolb: Ha noi, was mr halt so braucht.

Bächtle: A bissle d' Sonderagebot ausnutza, gell!

Häfelin: Machet's gut, i ka net bleiba. I muaß weiter. Muaß hoim, mei Backförmle au em Ofa nehma. Mei Ma hot doch heut sein Geburtstag. Ond wenner hoim kommt, muaß's fertig sei. No deen mir Kaffee trenka ond a bissle schee feira. Weil obends die ganz Verwandtschaft kommt. S isch halt schee, wenn's a weng schee isch!

Bächtle: Scheene Grüß!

Kolb: Basset Se uff, Ihr Guck fatzt!

Häfelin: I han's nemme weit.

Kolb: Da! Hätt se's a bissle weiter onda ghoba!

Bächtle: Drom han i mei Netzle mit. Ond wenn's amole reißt, no flickt mrs halt wieder zamma. Dees han i scho seit femfzeh Johr überall mit dabei, uff älle meine Gäng. Da isch mit dr Zeit fei en Haufa Geld gschbart – ond's hot mr scho au gute Dienste gleistet!

Kolb: So?

Bächtle: Ha, wenn i's sag!

Kolb: Hen Se au gheert, dass se d' ald Müllere vorgerst ens Aldahoim do hen?

Bächtle: Ja hot die nemme dahoim bleiba könna? Die isch doch so an ihre Meebl ghengt …

Kolb: Ha noi, wisset Se. Kois von ihre Kender ka se scheint's nemma ond pflega ond sich kimmra. Die hen älle gnug mit sich selber zom do. Ond Platz hot's erst gar koin für se.

Bächtle: Drom. Ja, ja. So isch d' Welt. Oi Muader ka leichter sechs Kender verhalta als sechs Kender oi Muader.

Kolb: S isch scho traurig, gell.

Bächtle: Wem saget Se dees. Aber *die* merket's au no, was se älles an era ghet hen, wenn die gut Frau mol nemme isch …

Kolb: Ja, ja.

Bächtle: So goht's.

Kolb: Kalt hemmer's!

Bächtle: Mr ka bald wieder Händschich braucha, so klamm sen meine Fenger.

Kolb: Wenn dr Wend net wär, tät's erst no ganga.

Bächtle: Kommet Se, mir schtandet a bissle en d' Sonn.

Kolb: S goht halt uff dr Wenter zua.

Bächtle: Jetzt gucket Se da na: Wo der Ma bloß schlooft? Hot 'r denn nix rechts zom Azieha? Der sieht fei lompig aus! Ganz orasiert isch der Denger ond sei Knia hot 'r uffgschlaga.

Kolb: Der bettelt sich von de Leit en sei Hütle halt a paar Münza nei.

Bächtle: Aber *i* han heut meim Enkele scho ebbes geba! Da dürftesch ja bloß no no am Austeila sei ...

Kolb: Koi Wonder hen die Arme nix, die kaufet nix!

Bächtle: Älle Welt hot ebbes anders, da sott mr scho mit dem Oigena zfrieda sei. Mit dem, was oim gheert ond was mr hot. I ka net klaga! Mir hen halt emmer feschte geschafft.

Kolb: Zom Glück woiß koiner, wie schnell's amol ganga ka ... aber onser Herrgöttle macht's scho recht.

Frau Popp: Hallo Frain Bächtle. So, au a bissle an dr frischa Luft?

Bächtle: Ha jo, mr muaß amol a bissle naus. Dahoim wirsch ja ganz durmelig.

Frau Popp: Ond, wie gfallt Ihne onser Stammhalter?

Bächtle: Isch's en Bua oder a Mädle?

Frau Popp: S isch a Buale ond Christian hoißt 'r.

Bächtle: Ha so en liebes Kendle – ond ganz d' Muader. Da wird sich dr Großvatter aber gfrait han! Wie ald isch es?

Frau Popp: Am Sonndich sen's acht Wocha. Wiederseh, Frain Bächtle!

Kolb: Wer war 'en jetzt dees? Zu wem gheert jetzt die? I han se scho a paar Mol gseh, aber ...

Bächtle: Desch em Hasameile sei Schwägere. A ganz a liebs Fraule. Ond so fleißig.

Kolb: Awa, saget Se bloß. Die hätt *i* jetzt ganz woanderscht nado.

Bächtle: Ond vielseitig isch se. Die schwätzt glei femf Schbroocha uff oimol: Franzesisch, Deitsch, Schwäbisch, durch d' Nas ond iber d' Leit!

Kolb: Awa, so oine isch dees?! S isch halt jeder für sich alloi ebbes ganz ebbes Oigens … mir sen da ja zom Glück ganz anderscht.

Bächtle: Au, ond jetzt isch ois vorbei ond's Blumalädle hot scho zuagmacht.

Kolb: No holet Se's halt heut Mittag! *Sie* hen's doch net pressant! Misset Se au do hendre? Kommet Se, no ganget mr zamma. Mir zwoi hen doch dr gleiche Weg …

auftrag

brezl nom
gang nei
schtand a
guck na
such dr oine aus
a frische
warme
goldiche

zoig druff
kauf se
trag se hoim
brich se
ond geb
mir
die ärm

kau druff rom
dalg se
en dr gosch
omanander
schluck se
nonder
ond
genieß se

die
butterwoiche
knuschberzarte
laugabrezl

aber
dass de mr se
fei net scho
onderwegs

en d' fenger
nemmsch!

Bsorgonga em Onderdorf

Du gohsch jetzt en dr Flecka na ond brengsch mr schnell no …

So isch mei Trina halt. Emmer gradraus, kurz abonda – aber deitlich!

Dees musch erschtmol gwohnt sei, dadrzua brauchsch en eiserna Willa ond en starka Karakter, sonscht goht dr die Romkommandiererei ganz schee uff d' Nervaschträng. Aber sell isch älles bloß Draining.

Ond je öfter du des glei sofort gschwend ohne Ausred machsch, was se secht, desto weniger Komplikationa gibt's hendadrei.

Weil dr Klügere gibt ao gern amol nach.

Flux schiebt se mr en bis oba na vollgschriebena Eikaufszettl en mei rechte Jackadasch, wo älles ganz genau druffschtoht, was i ihr zom bsorga han.

Die erscht' Statio isch's Postamt em Eikaufszendrom, zom a Päckle abhola. Hot se sich scho wieder a zammafaltbars Mantelschonersäckle aus'm neueschta Kadalog raus bschdellt.

Wo doch's letschde au scho nix gholfa hot!

An dr Trepp zom Eigang nuff, wo die Postillio-Beamte emmer genau uff d' Sekond des vollbäbbte Glastürle uffschließet, hot scho wieder amol a rechte Drucketse agfanga.

Oiner kommt her ond stellt sich na, dr ander glei dahender ond fangt a Schlange a. Die meischte laufet her ond reihet sich ei, aber oin Daggl isch emmer drbei, der schleicht äll paar Sekonda hälenga a Schdäffele weiter nuff, bis'r direkt neba'm Vorderma schtoht ond'n langsam afangt uff d' Seit zom drucka.

Als Nummer sieba war i no en dr Reih. Weil aber weiter dronda scho wieder vier Fraua schtandet, wo ao durch des Türle durchwellat, ond koine dera Mama mit dem lila Kenderwaga hilft, tu i'ra halt den Gfalla ond pack a bissle mit a. Was mr prompt s Schlusslicht eibrengt! Weil die Malefizkerle älle zamma schnell wieder a bissle weiter nach oba uffgruckt sen, ond mei Luck, wo i henderlassa han, zammadruckt hen. Dass ao ja koiner amol a bissle Rücksicht nemmt! Alle sen se bloß uff dr eigene Vordoil aus! Saukerle, bleede.

Die glei hender mir isch d' Nachbare von der alda Rätsch, die jetzt zwoi Stäffela weiter oba schtoht. Ond weil mr sich so arg weit ausanander schlecht guat onderhalda ka, lässt se se oifach mir-nex-dir-nex zu sich vorschtanda. Ohne froga. Scho isch se hender mir gwä!

Grad so isch's ane ganga, ond du kaasch net amol drieber maula oder en gscheida Händl afanga. Sonscht hoißt's, dr Zäpfle sei ofraindlich ond ieberzwerch!

Aber emmer no besser mei Trina schempft me, weil's so spät worda isch, wie ällfort dene Daggl d' Meinong saga ond no wieder druff Angst han müssa, dass mr die nägschde Däg ja bloß koim von denen gscheid Grüß Gott secht. Ond dees mach i no dene grad zom Bossa!

Aber selbst ao bei viele Normale kaasch oft macha, was de willsch, die glotzet oin net amol a ond gebet drom ao koi

Antwort, wenn de se grüßa willsch. Ob i en beesa Dopplgänger han, den selle net verputza könnet?

Aber des isch wurschtegal. Von mir hot no a jeder sei Hallole gsagt kriagt. Ond zwar emmer als Erschter! Da ben i oiga.

Wo i no endlich drakomma ben, hot die jong Aushilfspostlere mit ihrm schlampig rausghengta blaua Blüsle mein neua Personalausweis seha wella, zom druff rausbrenga, ob i ao i ben. Zom Glück hot se net gmerkt, dass dr Datum scho abgloffa war. Sonscht hätt se womeglich reklamiert.

Ond weil sell Paket vier Euro achtzig meh kost hot wie ausgmacht, han i druff zur Bank saua dirfa, zom a neus Geld hola.

Isch dees a elendigs Glomp bei dene Geldwechsler dren – die wisset ja bald ao nemme, wo vorn ond henda isch! Aber trotz ihrm Haufa bleeda Gschäft sen se zu oim alle so saumäßig fraindlich, ziehet äll paar Sekonda ganz automatisch die Mundwinkl zom ma oechta Grensa nuff ond fanget net grad iebermäßig leis mit oim s Verhandla a, dass die ganz Bagasch dromrom gscheid mitheera ka.

Wenn so en Finanzheini zu mir romkommt ond sich grad so ufführt, wie i's oms verrecka net leida ka, no ka'r aber ebbes heera! Mit mir kasch fei so ebbes net macha. Mit mir muaß mer diskret omganga.

Drom schtand i lieber an dr Bankomat ond schieb mei Kärtle nei, mit dem schwarza, dicka Schdroifa henda droba: Z'erscht muaß gfüttert sei, ond no erscht kaasch wieder ebbes raushan.

Bloß bleed, dass der Denger koi Sterbenswörtle mit oim schwätzt. Ällaweil muasch dra romdrugga.

Trotzdem will der graue Blechkaschda z'erschtmol mei geheime Nummra gsagt kriega, dass'r no ao woiß, aus welchem Schublädle er nachher's Geldsäckle hola derf … sonscht fangt der erscht gar net a schaffa.

Aber sell kenn i ao no von irgendwo anderscht her!

Wenn'r jetzt no endlich älles kapiert hot ond koine Fehler aus Verseh zwischanei komma sen, lässt'r dr Rollada ra, zom mi a bissle an dr Tastatur hantiera lassa. Mr frogt en, ob'r net a paar Honderter übrig hätt, ond meistens tut'r oim den Gfalla.

Bloß wie der des emmer fertig brengt, dass grad genau des Geld no später uff meim Konto fehlt … Wahrscheins hockt dr ganz Dag oiner henda drenna, hot nix anders zom do ond stenografiert hälenga ganz genau älles Wichtige mit!

Jetzt isch's halber zehne, ond i dabb en dr nägschde Bäckerlada zom mir mei zwoits Veschber hola. Schtoht da so a alde Zibeb mitta en dr Weltgschicht rom ond baatscht mit dr Verkaifere, wo dr Trude Maier ihr dritts Enkele väterlicherseits des Johr em Urlaub war. Nach femf Minuta hen die die Gschicht scho zom dritta Mol wieder ganz neu agfanga. Da han i aber dr Rauch neiglassa! Ond scho han i meine drei Doppelweck ond dr Butter ghet. Mr ka sich ja net älles gfalla lassa. Sotte alde Rätscha!

Drieba uff dr andra Schdrooßaseit sen wieder so a paar alde Häfelesglotzer an dera offena Baustell romgschtanda ond hen dene Arbeiter zuguckt, wo drei Meter onder ihne em Erdreich wie verrückt romgrubelt ond Käbl verlegt hen. Des waret ao Rentner von dera Sort, wo ällaweil saget: »Lieber Gott erhald mir mei Gsondheit ond meim Weib sei Arbeitskraft.« Drom schwanzet die dr liebe lange Dag en dr Weltgschicht omanander ond kommet erscht obends wieder zom Essa hoim, grad wie wenn se no schaffa geh tätet. Drondernei schtandet se emmer mitanander am gleicha Fleck ond deen so, als ob se Kapos wäret, sen schee sauber azoga mit ihre beige Kiddl ond Schlabba ond gehn regelmäßig fier zom a Bierle zischa en d' nägschde Beiz. Ond die em Erdloch dronda müsset weiter dackla.

Wo i fast scho an dene vorbei war, schwätzt prompt oiner von dene Bachl domm an mi na. Der traut sich ao bloß, wenn a paar andre om en romschtandet. Irgendwoher han'en kennt. I glaub des war der, wo damols en dr Schul mir emmer von henda die Zirklspitz ens Fiedele ghaut hot. Des han i dem bis heut net vergessa! Wenn der Hasafuaß grad bloß alloi gwä wär – i hätt em womeeglich en scheena Schugger gä.

Der hot scheint's ao scho lang koine Backazäh meh gschluckt!

Bloß domm, dass oim aber erscht emmer dahoim des eifallt, was mr da grad hätt am gscheiteschta macha solla.

En dr Metzgerei han i grad meine Peitschaschdegga kauft, als des kloine Buale uff dr Seit s vor sich Nagoscha afangt ond mit em Maul a Pfännle macht. Ond bloß weil der arme Denger onderm Arm von dera bunt agmolta Muader mit dem naturbelassena Baschtkörble ao gern amole ebbes anders zom Beißa kriegt hätt wie scho wieder so a bleeds ausgfranzts Rädle Gelbwurschd von dera wiaschda Verkaifere mit dene fettige Hoor.

Draußa vor dr Dier han i glei mei Trina agrufa ond gfrogt, was uff dem Bilettle von dem Schuahmacher fier a Nummer schtoht, wo i die neue Absätz fier meine schwarze Schlabba hätt hola solla. Weil se mir den bleeda Zettl net ens Geldbixle nei hot. Die wird langsam ald, mei Alde!

Moinsch, die hebt dr Hörer ab, wenn i mol net dahoim ben?

Ha, dera tät doch gwieß koiner ebbes …!

Als i weiter mein Weg lauf, macht grad die ald Nachbere aus dr Nommer 73 ihrn Karra uff. Des isch die mit dem blenda lahma Hondsviech, wo a eigens Holzbrettle hot mit ma extra flauschiga Teppich drieber, damit der knorrige, lahmarschiga Gläffer bequemer ond ohne Hopfa en ihr Rutscherle von Auto neiwackla ka …

Die ald' Fleckarätsch moint ao, se wär ebbes Bsonders … Hot emmer die beschde Stöffle a ond schreit scho wie a uffdrehte Goiß, wenn onser Kätzle bloß amol a bissle ieber dr Gardazao glotzt. Ond geizig isch die zu ihre Kender! Die müsset sogar ihr oigene Seif mitbrenga, wenn se mol uff Bsuch sen. I han's scho emmer gwisst: Bei de Reiche ka mr's Schbara lerna – bei de Arme s Kocha!

Ond weil se wieder net romglotzt hot, hot se mi ao net froga könna, ob i mit'ra hoimfahra mecht. Aber dees gschieht'ra grad recht. Jetzt hot se wenigstens amole nix, wo se sich drieber uffrega ka!

Boddibilding

I woiß ao net
worom die halb Nachberschaft
om mi rom
seit neuestem pletzlich
oi-, zwoimol en dr Woch
wie uffzoga
en so a neu uffgmachts
Schbortschdudiole saut.

Mittlerweil hot mr sich
ja scho dra gwehnt,
dass die Leit jeden Obnd
ihrn Seier
statt en dr Schdrooßahos
en so ma bonta Tschogging-Azügle
ausführet
ond mit ausdabbte Frottee-Schlabba
no a bissle vor d' Hausdier gehn,
zom Nachber kontrolliera
ond dr Kudderoimer leera.

Aber dass se die Fräck
jetzt ao no
zom ens Schbortmacha nei alasset –
sell hätt i ao net denkt.

Jede Woch sieht mr en onserm Käsblättle
so a bleede Azeig dren,
dass jetzt scho wieder a neus
Fitness-Schtudio uffgmacht
ond ganz ebbes bsonders zom bieta hot:
Sauna, Solariom, Gimnaschdig,
Ranza-Haxa-Bobbes,
ond Boddibilding kennt mr macha.

Ond älles sei fascht gschenkt.
Die tätet oim audomadisch
s Gwicht ronderreduziera,
Musgla adrainiera,
die mr no gar net kennt,
ond die alde Knocha zamma
wieder a bissle beweglicher macha.

Hot sich eigentlich ganz guat aghert!

Druff ben i halt ao amol na –
zom gschwend a Probedraining macha.
Weil sell nix koscht
ond mr älles schee zeigt kriegt.
Außerdem hosch dort gwieß
fier zwoi Schtond dei Ruh
vo dahoim.

I wollt halt ao wieder
a bissle ebbes fier mei Gsondheit do,
dass dr Ranza schmäler wird
ond die Kraft
en de Oberärm a bissle größer.

Außerdem tät mr henderher
no a bsonders feins Säftle
zom Trenka kriega.
Hot's en dera Zeidong ghoißa.

Also, i en mei schnells schlabberichs
Schbortazügle nei,
ond nieber en des Schdudio gsaut.
Jonger, hen die Leit gschwitzt.
Aber älle zamma, wo da waret,
sen en so graue Maschina ghockt
mit Federgschdell dren
ond Seilzüg dromrom
ond schwere Eise onda dranna,
hen gschtöhnt ond gschriea,
dass mr schier gar
Muffasausa kriegt hot ond mrs fascht
glei wieder verganga isch.

Lautr wüschte Schnaufer
ond Jauchzer waret dees.
Aber ganz oaschdändige.

No hot mr prompt ao glei
so a ufftakelte »Miss Tschörmeni«
en ma saumäßig hautenga Turnhösle
uff mi agsetzt,
die mr druff des Probedraining
gscheid verbasst hot.

Älle Apparät semmer zamma durch!
Ao die, wo se selber net kennt hot.

Ond weil i vor dera scheena Masseuse
a bissle dr Schborthengst
raushenga han wella
ond mi pletzlich fier die zwoi Schtonda
wieder ganz jong ond stark gfühlt han,
han i mi halt bsonders agstrengt.

Ond dees war dr Fehler.

Z'erscht han i meine Fiaß
en so a allbachene Sprossawand neihänga
ond zom Bossa dr Meggl
zehn Mol an d' Kniescheiba
nuffzieha müssa.
Aber fei mit boide Händ hender de Ohra!
Han se halt a bissle mit nalanga lassa.

No hot se mi glei en so a
eng's Eisagschdell neidruckt
fier zom de Oberschenkela drainiera.

Des hot ausgseh wie die Maschin
von dera Autofabrik,
wo se ällfort so a Gummipupp
oagschnallt en ma heenicha Sitz dren
gega a Betonwand knalla lasset
ond no henderher gucket,
ob dr Kamerad no ganz bacha isch.

Die ronde Gwichtscheiba
hemmer glei älle wegglassa,
weil fier die zwoi Durchgäng,
wo i macha han müssa,
war des grad recht.

Aber dera han i's zeigt!

Ruckzuck hot mi des Luder
mit so ma Würgegriff
uff dr Bauch na dreht –
wo i doch grad vorher no
meine zwoi Teller Bubaspitzle gessa han.

Des macht die aber bloß oimol!

Scho han i müssa
des polsterte Eisastängele
mit dr Fers ganz nuff
an d' Arschbacka zieha.

Dadrbei isch mrs Bluat
en Riaßl gschossa,
ond scho han i ieberall glei
s Schwitza afanga,
dass i dr Durst kriegt han.

Aber die sell hot net locker glassa –
die hot mi fertigmacha wella!

No isch mr oiner naus.
Ond nommel oiner.
Ond no han i nemme mitzählt.
Aber dees war mr grad egal.
Was lässt di mi ao so romdrugga.

I glaub, dera ihr Sorg war gwä,
dass i nemme wiederkomm.

Bizebbs, Trizebbs, Buggl ond Wada …
Nach era Dreiviertelschtond
han i scho gmerkt,
welche Musgulatura sich
bei mir mei Lebdag hälenga
versteckt ghalta hen.
Ond jetzt hen se mr zeigt,
dass se älle no da sen –
die Saukerle!
Ieberall hot's zepft
ond isch's Bluat neigschossa.

Vorna, henda, lenks, rechts,
onda ond oba,
rengs om dr ganze Kerle.
Sogar dort,
wo i bisher denkt han,
dass sotte Musgla
bloß Fraua brauchet,
han i gmerkt
was en dr Nadur älles meglich isch.

Druff isch oiner an mir vorbei.
Dees war en Denger!
Ärm wie meiner Trina ihre Oberschenkl,
a Kreiz wie en offener Kloiderschrank
ond Musgla bis nuff zu de Ohra.

So en Ageber –
des ka net älles echt sei!
Als'r an dera polierta Schpieglwand
akomma isch, hot'r afanga
Faxa macha.
Rom ond nom hot'r sich gwonda,
Ärm nuff, Ärm nonder,
lenks dreht, rechts dreht,
Haxa rieber, Haxa nieber,
hot des schwarze Leible auszoga,
wo em zwischa d' Rippa nonderghengt isch,
wie wenn selbigsmol
dera Schneidere zwenig
von dem Stöffle ghet hot.

Ond no sen die harte Floischberg
zom Vorschein komma.
Do en Hubbl ond dort en Bolla,
vorna isch ebbes nausgschtanda
ond henda no meh.

Mr hätt grad net nagucka solla
uff dem seine viele »Zeps«,
wo'r ghet hot.
Älles an de ogaddichschde Schdella.
Weil sotte machet des Possiera
doch eh ällaweil bloß
wega dene Neidhammel dromrom,
ond führet sich uff
wie uff em Laufsteg von era Modeschau.
A'ghemmelt wellet se werda!
Bloß deen älle andre no grad zom Bossa so,
als gucket se ieberhaupt net na.
Ond sell woiß der Kerle ganz genau.
Drom macht'r weiter mit seine Ferz.

Dass'r sich net ao no
selber umarmt
ond Küssle gibt,
isch grad a Wonder.
So arg gfallt der sich!

Ob dees wohl älles an dem dranna
so lang hebt,
bis'r dahoim isch?

Scho han i mr vorgstellt
ond a bissle s Traima agfangt,
wie a paar so feschte Musgla
wohl an mir ausseha tätet.
Ond als i grad em Goischt
schnurstracks
uff so a scheene jonge Modepupp
druffgloffa ben,
ond se ganz begeistert
an mir nuff ond nonder guckt,
ben i von meiner Trainere
am Gäder packt
ond en die nägscht Folterapparatur
neidruckt worda,
hot se meine Haxa feschtgschnallt
ond dr ganze Kerle
om hondertachtzig Grad
uff dr Kopf gschdellt.
No isch se wieder ganga.

Jetzt isch mr no viel meeh
durch dr Grend gschossa!

Wie i nach femf Minuta
emmer no romghengt ben wie en Bleeder
ond die Weltgschicht aus de Auga
bloß ällaweil schäps von onda her gseh han,
han i's Zappla agfanga.

Des hätt i lieber bleiba lassa!

Kaum isch des Gschdell auseinandergfatzt,
hot's mir mein Buckl
uff dr Linoleum knallt,
dass die ganz Streckerei vorher
grad omasonscht gwä isch.
Em Gegadoil — gschdaucht hot's mi.
Ond zwar granadamäßig.
Viel kloiner ben i wieder worda.
Ganze anderthalb Zentimeter waret's,
wo i obends dahoim
gmessa worda ben.

Ond dees isch fei net's Oinzige,
was meinera Regierong dahoim
an mir uffgfalla isch.

Wo i nämlich so verdruckt
uff em Boda omananderghurgelt ben,
hen mir drei so scheene Schbortlerinna
mit blaue Fengerneegl
ond rot agmalte Goscha, wie i's mog,
wieder uffklaubt
ond en so en kloina Ruheraum neitraga,
wo des woiche Schesslo
romgschtanda isch.

Ond no hen se mr
ieberall da naglangt
ond a bissle massiert,
wo i gsagt han,
dass i dort
womeglich ao no
a klois bissle
ebbes han kennt.

Ond i glaub, dees hot dene
fascht meh Spaß gmacht
als dauernd die bleede Gwicht
omanander schtemma.

Dabei muaß wohl oine scheint's
aus Verseh ihr halbs Parfümfläschle
ieber mi drieber ausgleert han –
oder worom sonscht
kennt meim Herzblatt dahoim
des Gschmäckle an mir uffgfalla sei,
dass se schier gar uff andre Gedanka
komma isch ond prompt
s beese Maula ond's Geifa agfanga hot.

Ond ao die verrissena Hos war a Thema.
Aber do hot's me ja bloß amole gschwend
von dem bleeda Laufband rondergfegt,
weil der Bachl vor mir
vergessa hot

des Ding wieder
ebbes langsamer z'schdella,
als'r davo ronder isch.
Gsaut ben i wie en alder Gockeler,
der gucka muaß,
dass'r no a Henn verwischt.

Emmer näher ben i
an die bleed hendre Walz nakomma,
bis mr d' Kuttl rausghengt isch
ond meine Fiaß nemme kenna hen.

Drom hot's halt »Batsch« gmacht,
i ben nach henda gschossa
ond schnurstracks
von dera Gummischdrooß ronder
uff den Brummer von Weibsbild druff,
wo grad, statt zom drainiera,
des neueste Modeheftle
durch d' Gegend spaziera traga hot.

Was muaß die ao da omanander laufa,
wo die Mannsleit ebbes
fier ihr Gsondheit deen!

No ben i halt uff dem Dampfer droba ghengt
wie en Peitschastecka uff ma Laugaweck –
ond mei feichte Tschogging-Hos
hot sich an dem Laufbandgriffle verhookt
dass an dr schlemmschta Schdell

nochgeba hot ond saudomm gfatzt isch.
So ka's ganga.

Da muaß i wohl aus Verseh
amol wieder
a bissle ogschickt eigfädelt han.

Wo i no onder dr Dusch gschtanda ben,
han'e gmerkt, dass mei Trina
wieder vergessa hot
mir mei Seifakäschdle eizomstecka.
Ond weil i mei blaukarierts Handtüchle
ao net dabei ghet han,
hot halt die ganz Roll Gloobabier
dra glauba müssa.

So isch's,
wenn sich dr oi uff dr ander verlässt.
Älles muaß mr selber macha!

Net amol fier a paar Schtond
hosch dei Ruh vor dahoim!
Weil wenn mei Trina scho net ieberall mit ka,
no versucht se sich wenigschdens
durch sotte Striezeleia
mir ens Gedächtnis zom rufa.

Ond scho hot se wieder gwonna.
Weil se halt ganz genau woiß,
dass i bei sötte Fürz
prompt partuh wieder an se denka muaß.
Zwar net obedengt emmer em Guata –
aber hauptsach se ka
»em Geiste« bei mir sei.

Weil i scheint's so
en dr Weltgschicht draußa
dann net so viel astella ka!

Ob se sich da net amol täuscht.

Weil zu dene scheene Mädla
gang i vielleicht bald nommel na.
Wenn i mi wieder rühra ka,
wenn die Krämpf nachlasset
ond die viele blaue Flecka weg sen.
Dees tät sich vielleicht scho lohna.

S isch Wenterzeit

Wenn Wolka über d' Landschaft ziehet
ond d' Schwalba en dr Süda flieget,
wenn's regnt ond die Tröpfla gfrieret,
weil's kalt isch ond se sich schenieret,
wenn's vom Hemmel schneit der Schnee,
isch's Wenterzeit – ond dees isch schee.

Da deen die Kender Streich aushecka
ond Eiszapfa em Maul romschlecka,
da ka mr mit de Schlittschuh sausa
ond uff em Arsch a Wies nabrausa.
Wenn's kalt isch, hot's a bsonders Klima
zur Wenterzeit – ond dees isch prima.

Da derfsch dr Schnee vom Gehweg schippa
ond kaasch am Glühwaigläsle nippa,
da muaß mrs Eis vom Fenschdr scherra
ond manches Mol deen Kender plärra.
Die Hoizongskeller, die sen voll,
zur Wenterzeit – ond dees isch toll.

Da ka mr an dr Ofa hocka
ond draußa schneits die große Flocka,
da ka mr Gutsle recht genießa
ond lässt fest Rum en Tee neifließa.
S wird au viel glesa ond geruht
zur Wenterzeit – ond dees tut gut.

Da deen die Omas Socka stricka
ond d' Veegl fleißig Körner picka,
da ruglet Kender mit viel Liebe
ihrn Schneemann zamma, mit 'ra Rübe.
Bhäb scheint die Sonn durch jede Ritze
zur Wenterzeit – ond dees isch spitze.

Wenn Leit mit Schi am Schlepplift schtandet
ond Knochabrüch beim Dokter landet,
wenn Autos en dr Graba rutschet
ond Schlitta omananderkutschet,
wenn ronderkommt vom Hemmel Schnee,
isch's Wenterzeit – isch dees net schee?

Ond wenn dr Schnee zu Wasser wird,
mr seine Gfühle wieder spürt,
wenn's wieder kribbelt onderm Kloid,
isch bald vorbei, die Wenterzeit.

Weil die Natur no blüha möcht,
kommt druff dr Frühleng.

Au net schlecht!

Ond dees soll Kunscht sei

Da guck amol, was isch jetzt ao dees?
Was hen se denn do scho wieder nabaut?
Ka mir amol oiner saga, was dees sei soll?
Ha, wem so a Glomp gfallt, der isch doch selber schuld!
Sieht doch grad aus wie frisch vom Schrottplätzle ra.
Die ganze scheene Wies hen se versaut!
Ond dees soll Kunscht sei?
Da könnt i mi grad uffrega!

Jetzt guck doch amol genau na:
Haltet die ons denn älle für bleed?
So a paar Brettle ananandernagla ond a bissle Farb druff ...
ond drzua des verbogene kromme Blechschdickle mitta-
    durch.
Ha so ebbes ka i ao!
Dadrzu braucht mr doch koin Kinschtler.
Frieher, da hen se no saubre Figura macha könna.
Da hot mr no wenigschdens gseh, was's sei soll.
Heutzdag muasch ällfort romrata ond dr's von so studierte
    Experta-Leit öfters amol saga lassa.
Aber selle sen sich ja ao net emmer einig.
No woiß mr drom ao net recht, wem mr da glauba soll.

Jeden Scheiß hoißt mr halt heutzdag Kunscht.
Dabei kommt Kunscht fei von »Könna«.
Ond s Oinzige, was die bald amole könnet – isch mi mol.
Ich mecht ao net wissa, was dees wieder koschtet hot.

Ond älles von onsre Steuergelder.

Oglaublich!

Statt se aständige Wohnonga bauet, schmeißet se no dr letschde Cent für so onötige Kultur naus.

Was die wohl en hondert Johr über ons denket?

Wemmer's wenigschdens gscheid agucka könnt …

Aber noi, die Obere kaufet ond kaufet, bis ao's letschde scheene Fleckle no mit dem Elendsglomp versaut isch.

Bis mr sich am End no gar nemme uff d' Schdrooß traut – no sen se zfrieda!

Statt se scheene Figürla nastellet, wo mr sich dra freue ka, machet se Hugoles mit onseroim.

Aber mit mir net!

Da reg i mi doch gar net drieber uff!

Ond dees soll Kunscht sei …

So en Zirkus

Wenn sich bei ons dahoim gern amol oiner für dr ander uffopfert, no ben des gwieß meistens i. Drom ben i ao so gern mit onserm Klärle zamma en die Wohltätigkeitsveraschtaltong vom Zirkus Krawalli gsaut. Damit mir net emmer bloß dahoim onsern Zirkus hen.

Kaum hemmer an dem schräg nagschdellta Wohnwägele onsre zwoi Karta kauft, hot mr ons, weil's a Woch lang z'vor gscheit gregnt hot, ieber a paar glitschige Holzbrettle nieber zu dem großa Eigang laufa lassa. Ond weil i net recht uffbasst han, ben i gschwend mol mit de Haxa en so'ra broita Drecklach gschtanda ond han mr mei ganz' Schuhwerk versaut.

Drenna no war's ganz schee kalt ond obequem uff dera Holzbänklestribün, wo von henda ond vorna, von oba ond onda, hälenga dr Wend om ons rom gschlicha isch, dass oin emmer meh gfrora hot mit dr Zeit. Obwohl se ieberall em Flecka plakatiert hen, dass des Zelt feschd ghoizt wär!

Aber wenigschdens hemmer gscheit ebbes gsä.

Ieber'm Eigang droba, wo die Zirkusleit mit ihre dressierte Tierle emmer rei- ond wieder naussauet, isch zwischa rote ond gelbe Lampios die Orchesterkapell ghockt. Mit ihrm wichtigsta Ma mittadren, dem Trommeler. Weil seller nämlich ällaweil dr richtig' Takt agibt, nach dem die Viecher laufa müsset, ond dass mr gwieß ao merkt, wann's bei de Artistaleit spannend ond saugfährlich wird.

Scho isch des Vorhängle uffgfahra, ond's hen sich femf Akrobata en silberglitzrige Overalls, vorwärts ond rückwärts, reizus a paar Mol ieberschlaga. Bis se gschwend grad no vor dr Manega-Absperrong hen halta kenna. Hen die sich gfrait, dass nix passiert isch! D' Ärm hen se nausgstreckt ond en d' Knie sen se ganga, grad wie wenn se en Hofknicks machet ond em Herrgott dafür danket, dass'r se verschont ond aber ao älle zamma so glenkig gmacht hot.

Druff isch's no erscht richtig losganga: Pyramidatürm hen se zammabaut aus ihre Leiber, von lenks nach rechts sen se gschpronga, iebranander drieber ond ondranander durch. A Wipp hen se nagschdellt ghet, wo dr schmälste ond kloinste am oina End druffgschtanda isch. Ond weil jetzt so en durchtrainierter Floischkloß vo'ma Ma uff dr gegenieberliegenda Seit sich druff hot blotza lassa, hot der Schmalhans s Schreia agfanga ond isch z'mol wie von al-loi zwoi andre Kerle uff dr Schulter ghockt. Dritter Stock mit Ieberschlag! Grad so isch's weiterganga. Lauter gfähr-liche Sacha hen die zoigt. Da krieg i schon vom Glotza Musglkaader.

Ond zwischadren hot so a bleede Helfere en ma ganz enga Uffzug ihre Faxa gmacht, damit mr ab ond zu a bissle meh zu dera romguckt ond net glei merkt, wenn ihre Män-ner mol aus Verseh en falscha Fehler deen … Raffiniert sen se scho ao, die Zirkusleit. Die hen's faustdick hender de Ohra!

Danach hot mr ons a paar sauglatte Seehond reigführt, die sich z'erscht mol selber gscheit beklatscht hen. Grunza deen die Kerle wie läufige Hirsch, die sich nemme heba kennet, ond schlucket ao no haufaweis ganze Herings-schwärm nonder, ohne Kaua! Ha so a Gschleng.

Bunte Bäll ond farbige Stecka kennet se uff dr Schnauz balanciera, ond ällfort om se rom schwänzelt so a grell gschminkte Dompteuse, die nix anders zom do hot, als dene Seehond ihre Fisch zom bsorga.

Statt sich romzomdreha, wenn se lauft, goht se rückwärts zu dem schdengicha Heringshafa, weil sell vor de Leit womeglich a klois bissle eleganter aussieht, wie wenn se schnurstracks nach vorne ane stolpert. Am End machet die schnauzbärtige glitschige Viecher uff ihre gschdroifte Schemala no jeder a Handschtändle uff oiner Floss.

Mi tät scho entressiera, wie mr des dene Denger beibrenga ka, dass se's mol für emmer kapieret. Wahrscheins lockt mr se ihr Leba lang mit kromme tote Fisch da na, wo mr se han mecht, ond die Alt füttert se halt, wenn se's endlich so gmacht hen, wie se sich's en ihrm Miniröckle ausdenkt hot. Ond vor lauter Füttra schdengt selle bschdemmt ao nach dr Vorschdellong no Dag ond Nacht wie en gmischter Heringssalat. Dera ihr Fraind ka eigentlich bloß Neptun hoißa!

Ruckzuck isch's weitergganga mit zwoi so bleede dabbige Clowns. Hen die a Gschmier em Gsicht dren ghet, ond dr-zua no so a rote Nas uff dr Nas. Wie a paar Gschuggde halt.

Ihre Schbäßle hen se uffgführt, dass mr hätt heula kenna, bis no zom Schluss dr oi, wo em andra den Oimer Wasser hot nieberleera wella, doch selber nass worda isch. Recht isch's em gscheha!

No hen se no a paar Mol »Ätschegäbele« gmacht ond sich mit ihre große Fiaß a bissle hendranander her verfolgt. Bleede Narrakasper, bleede!

Jetzt sen die weiße Schimmelpferdle reitrappt komma mit ihre scheene lange Mähna, ond gelbe Schloifa mit

Federbüsch uff de Meggl. Ällaweil schprenget se tuschur rengs em Kreis rom ane ond drehn no ihre Piruetta. Jeder kennt genau sein Vorderma ond tut bloß dees, was der em grad so vorhopft. Drom wird des Ganze nach henda emmer a klois bissle o'genauer, weil dr nägschde Gaul emmer doch wieder ebbes vergisst. Bis die letschte zwoi bald gar nemme schdemmet, ond druff ao amol des Peitschle sehn …

Hättet se bei dr Prob halt a bissle besser uffpasst! Da kennt oim ja grad dr Gaul durchganga!

Wie die sich bloß ondranander ausananderhalta kennat. Die schdengat doch älle gleich nach Gaul! Ond ausseha tut oiner wie dr ander …

Jetzt hockt en jonger Kerle nuff uff's erschtbeschde Ross, schtoht em ens Kreiz nei ond schlenkert mit de Ärm, dass'r net glei wieder ronderhagelt. Z'mol macht'r em Galopp en Saldo Mordale nach henda ond kommt sogar wieder uff dem Gaul mit boide Fiaß zom Schtanda. Fascht genau en dr Mitt ieberm Fiedele, uff dera Schdell, wo a klois bissle weiter onda dem Viech sein gflochtener Schwanz afangt zom wachsa.

Hot der en Dusel ghet! Weil des Pferdle isch, während der Denger sei Turniebong gmacht hot, net oifach schtanda blieba, sondern weitergsaut. S hot ja net wissa kenna, dass's uff den Malefizkerle mol a bissle warta sott … Aber der hot oifach so do, als häb'r dees grad mit Fleiß so spannend macha wella!

Endlich hot die Kapell a neus Stückle afanga spiela.

Die Gäul hen a paar Mol Männle gmacht uff ihre hendre zwoi Huf, hen gscheit Rossbolla dene Wärter zom Uffklauba nei ens Sägmehl blotza lassa – ond scho hosch se nemme gsä. Fort waret se!

Druff sen die dicke fette Elefanta reigstapft komma. Mit ihre fette Lederärsch hen se sich uff bsonders große, feschde Hockerla ghockt ond en ganza Bach Soich uff dr Boda sausa lassa. Dr Uracher Wasserfall isch en Dreck dagega! Sen mir verschrocka!

Nachdem se ihre paar Kunschtschdickle trotzdem älle vollends vorgführt ghet hen, isch a Pause gmacht worda, zom älles schee butza ond gscheit wieder herrichta.

Als mir vom Luftschnabba wieder reikomma sen, war en dr Mitt scho en jesses Käfig uffbaut, zom fier de wilde Tiger ond Löwa em Zaum halta. Scheene Tierle sen's, aber ao arg gfährlich kennet se sei, wenn se so mir-nex-dir-nex pletzlich fremde Leit afauchet. Aber dees kenn i ja vo dahoim …

Ond jeder mecht eigentlich scho heimlich gern mol seh, dass ebbes gscheits passiert. Dass se dem Dompteur mit dem Peitschastecka an dr Kraga gehn ond seller no aber trotzdem grettet werda müsst. Die ewig Romhockerei von dene verschloofene Viecher, ond die paar billige Sprüng durch so en brennenda Roifa, des tut doch heutzdag ieberhaupt koin meh jucka!

Messerschmeißer sen komma, die vo weit henda ganz näh om ihre Assistenzmädla rom ihre Spießerla an des Brettle gschmissa hen, dass se net mol meh a bissle mit ihrm Ärschle hen wackla kenna ond ihre knappe, glänzige Schlüpfer vor lauter Muffesausa no a bissle weiter zwischa de Arschbacka gschlupft sen. Der Trommeler hot me ao no ganz verrückt gmacht mit seim Schlagzeugsolo. Dabei war dees alloi doch scho spannend gnug!

Hochseilartista sen ieber ons gloffa mit ewig lange Schdegga en de Händ, ond so drahtige Trapezkünschtler en ihre lange Omhäng hen sich gschwend schnell vom oina Schaukelbrettle zom andra gschmissa.

Sapperlott! Da derf dr oi dr ander aber ao net blotza lassa! Womeglich muss mr dadrzu scho ao a bissle gschickt ond dafür aber ao a bissle gschuggt sei, weil so ebbes isch nix für schwendelige Hasafiaß!

Selle hot druff der schwarze Zauberer dronda komplett aus seim schwarza Hütle gschwendelt. Drei echte, lebendige, süße kloine Häsle sen aus dem Zylinder gschlupft.

Weiße Tauba hot'r erscheina lassa ond uff a Stängele gsetzt, allbachene Blumasträuß aus'm Ärmel ghext ond aus gelbe Tücher sen pletzlich rote worda. So en Dondersblitz!

Älle semmer von dem Kerle gscheit reiglegt worda, ond z'letscht isch'r verschwonda, grad so schnell, wie'r komma isch.

Jetzt hen vor em großa Finale sotte Tierla reidürfa, wo mr sonscht emmer moint, dass se sich en dr Natur draußa net guat ondranander verstehn: Dr Fuchs hot a Gänsle hender sich em Karra zoga, zwoi Mäus sen ma kloina Elefanta uff'm Buckl ghockt, ond a großes hoorigs Hondle hot en ma Körble em Maul dren a jongs neugierigs Mulle schbaziera traga. Bloß bei dem Störchle hot mr gmerkt, dass der Frosch em Schnabl gschwendlt ond aus Plastik war.

Die Viecher hen sich zamma älle richtig gern ghet ond sen em Kreis romgwetzt wie uffzoga. Druff isch no langsam s End komma.

Älle, die dabei waret ond mitgmacht hen, hen sich nommel zeigt, sen quer durchanander em Sägmehl romgstapft, hen Luftballo steiga lassa, hen rieber- ond niebergwonka ond sich bedankt, dass mir älle mitanander zamma komma sen. Schee war's, laut war's ond lang hot's dauert.

I han Sacha gsä, wo i dahoim sonscht emmer bloß davo traim. Ond da sen jetzt ieberhaupt koine Viecher damit gmoint.

Lexiko für Außerschwäbische

Abe	*Toilette*
dr Acker bschdella	*bearbeiten*
allbacha	*altmodisch*
ällfort	*immer wieder*
Anmenaschlupferle	*jemand, der gern kuschelt*
Außerschwäbischer	*Ausländer*
Bachl	*dümmlicher Zeitgenosse, ungeschickter Kerl*
Backatascha	*Backentaschen*
Backpfeif	*Ohrfeige*
en Balla han	*betrunken sein*
Batscher	*Teppichklopfer*
Bebbeleskehl	*Rosenkohl*
Bebbl	*Punkte*
Beißerla	*Zähne*
Bettl	*Zeug*
bhäb	*behäbig, langsam, schwerfällig*
Bixle	*kleine Büchse*
Bizebbs	*Bizeps*
bläfzga	*schwer atmen, stöhnen*
Blaukraut	*Rotkohl*
Bleschgamichl	*Asthmatiker*
Blodere	*Blase (Schimpfwort für eine dumme, unsympathische Frau)*
blotza lassa	*fallen lassen*
Bomb	*Herz*
zom Bossa	*zum Trotz, absichtlich, jetzt erst recht*
Breschtleng	*Erdbeeren*
Brezl	*Brezel, Gesicht*

bronza	*pinkeln*
Bubaspitzle	*Schupfnudeln*
Buckl	*Rücken*
Buddl	*Flasche*
butzig	*putzig, spaßig*
dabba	*tappen, schlürfen*
dabbig	*unbeholfen, tapsig*
dackla	*treu alles arbeiten*
Denger	*Typ, Kerl, Ding*
Doig	*Teig*
durmelig	*schwindelig*
Dusel	*Glück*
Extra-Fürz	*Besonderheiten, eigenwillige Wünsche*
fatza	*aufreißen, kaputt gehen*
Fetz	*Schlauberger, Schlingel*
Fiedele	*Darmausgang, Popoloch*
Fisematenta macha	*Umstände machen*
Flecka	*Ortsmitte*
flux	*schnell*
Furzklemmer	*Geizhals*
Gäder	*Handgelenk*
gautscha	*schaukeln*
gheert	*gehört*
Glaif	*Gang, Schritt*
Gmächt	*männlicher Genitalbereich*
Gottesacker	*Friedhof*
gotzig	*einzig, mickrig*
Grend	*Kopf, Hirn*
Grombiera	*Kartoffeln*
grottafalsch	*völlig falsch*
Guck	*Papiertüte, Plastiktüte*
Gugommer	*Gurke*
Gulli	*Abfluss*

Hafa	*Topf*
Häfelesgucker	*neugieriger Mensch*
hälenga	*heimlich*
Händl	*Streit*
Händschich	*Handschuhe*
Hansel	*Kasper, Witzfigur*
Hasafuaß	*Angsthase*
heba	*halten, zurückhalten*
hee	*kaputt, tot*
s Herzle bombert	*das Herz schlägt*
hondsliedrig	*hundeelend*
Hugoles treiba	*jemanden veräppeln, Quatsch machen*
Hurgler	*Schlamper, Nichtsnutz*
ieberzwerch	*mürrisch, überempfindlich, störrisch*
Kandelbrieh	*Dreckwasser am Bordstein*
Käsblättle	*Zeitung*
Kick	*Fußballspiel*
Kiddl, Kittl	*Jacke, Mantel*
klamm	*kalt, gefroren*
Knauserer	*allzu sparsamer Mensch*
Knäusle	*Anfangskruste vom Brot*
Knickerbocker	*Kniebundhose*
krebsla	*krabbeln, klettern*
Kudderoimer	*Abfalleimer*
Leible	*Unterhemd*
Lettagschwätz	*dummes, sinnloses Gerede*
Luck	*Lücke*
mach nore	*beeil dich*
Magga	*Macken*
mauderig	*unwohl*
maura	*abblocken*
Meggl	*Kopf*

mir-nex-dir-nex	*ruckzuck*
Moggele	*junges Kälbchen*
motza	*schimpfen*
Muffesausa	*Angst*
Mugga	*Mucken, Angewohnheiten*
Mulle	*kleines Kätzchen*
nastracka	*hinlegen*
omanander	*umher*
omananderdalga	*im Mund hin und her schieben*
partuh	*unbedingt*
Pfännle	*Furz*
a Pfännle macha	*voller Wut die Unterlippe vorschieben, beleidigt sein*
Pfeifadeckl	*von wegen*
plärra	*weinen, schreien*
pressant	*eilig*
Ragall	*keifendes Weib*
Ranza	*Bauch*
Riaßl	*Kopf*
Riebele	*Endstück vom Brot*
roifla	*gehetzt laufen, hasten*
Romballerei	*Ballspielerei*
romgrubla	*angestrengt arbeiten*
ronderhagla	*herunterfallen*
rugla	*rollen*
saua	*rennen*
schäps	*schräg, schief*
scheckat	*kariert*
scherra	*kratzen*
Schlabba	*alte, ausgetretene Schuhe*
Schlonz	*Schleim, unansehlicher Rest*
schlonzig	*schleimig*
schlurpfa	*schlürfen*
Schwägere	*Schwägerin*

a Schwälble macha	*ein Foul vortäuschen*
Seier	*Wohlstandsbauch*
sell	*das*
Siach	*Depp*
siaße Grott	*aufgewecktes, kleines Menschlein*
Soich	*Urin*
koin Soich	*nichts Verkehrtes*
spachtla	*essen*
Spitzbua	*Schelm*
Striezeleia	*Sticheleien*
Stuss	*Unsinn*
tätschla	*liebevoll kurz streicheln*
Triepl	*unvorsichtige Person*
Trottoir	*Gehsteig*
tuschur	*immer*
Uffzug	*Bekleidung*
ebber net verbutza könna	*jemand nicht leiden können*
verheba	*aufhalten, zurückhalten*
verhonza	*zunichte machen*
verschaffa	*verarbeiten*
Visaasch	*Visage, Gesicht*
Wefzga	*Wespen*
Wempra	*Wimpern*
Wengert	*Weinberg*
Wipp	*Wippschaukel*
Wochadippl	*Mumps*
Wooret	*Wahrheit*
wusla	*wuseln, schnell krabbeln*
Zenka	*Nase*

Mehr von Carl Zäpfle

Schwäbischer Schimpf-Spruchbeutel
Gefüllt von Carl Zäpfle

Schimpfen macht den Schädel frei und bringt verbrauchte Energie sofort zurück. Wenn er was Gscheits zum Schimpfen hat, das ist das Schönste für einen waschechten Schwaben.

Ob wir gradheraus oder hendarom bruddeln, ob wir bellen oder granteln, auf nette Art rügen oder gottsmillionisch fluchen – beim Schimpfen sind wir Schwaben sehr kreativ. In diesem Büchle findet sich eine Auswahl der originellsten Sprüche und Ausdrücke, anwendbar zu Hause oder auf der Gass, gegen Freund oder Feind, Einheimische oder Außerschwäbische.

Mit Zeichnungen von Björn Locke. 96 Seiten.
ISBN 978-3-8425-1403-4

Silberburg·Verlag

www.silberburg.de